신문이 보이고 뉴스가 들리는 ⑪
재미있는
별자리와 우주 이야기

신문이 보이고 뉴스가 들리는 ⑪
재미있는 **별자리와 우주 이야기**

개정판 1쇄 발행 | 2014년 7월 18일
개정판 9쇄 발행 | 2024년 4월 16일

지　은　이 | 이충환 신광복
그　린　이 | 송종근 서석근

펴　낸　곳 | (주)가나문화콘텐츠
펴　낸　이 | 김남전
편　집　장 | 유다형
편　　　집 | 김아영
외 주 편 집 | 김혜영
디　자　인 | 양란희
외주 디자인 | 디자인아이
마　케　팅 | 정상원 한웅 정용민 김건우
관　　　리 | 임종열 김다운

출 판 등 록 | 2002년 2월 15일 제10-2308호
주　　　소 | 경기도 고양시 덕양구 호원길 3-2
전　　　화 | 02-717-5494(편집부) 02-332-7755(관리부)
팩　　　스 | 02-324-9944
홈 페 이 지 | ganapub.com
이　메　일 | ganapub@naver.com

ISBN 978-89-5736-680-6 (74440)

*이 책은 《신문이 보이고 뉴스가 들리는 재미있는 우주 이야기》를 전면 개정한 책입니다.

*책값은 뒤표지에 표시되어 있습니다.
*이 책의 내용을 재사용하려면 반드시 (주)가나문화콘텐츠의 동의를 얻어야 합니다.
*잘못된 책은 구입하신 서점에서 바꾸어 드립니다.

*'가나출판사'는 (주)가나문화콘텐츠의 출판 브랜드입니다.

• 제조자명 : (주)가나문화콘텐츠
• 주소 및 전화번호 : 경기도 고양시 덕양구 호원길 3-2 / 02-717-5494
• 제조연월 : 2024년 4월 16일
• 제조국명 : 대한민국
• 사용연령 : 4세 이상 어린이 제품

신문이 보이고 뉴스가 들리는 ⑪

재미있는

별자리와 우주 이야기

글 이충환·신광복 | 그림 손종근·서석근
추천 윤성철(서울대학교 물리천문학부 교수)

가나출판사

| 머리말 |

별과 우주, 아는 만큼 보여요!

해가 지고 어둠이 찾아오기 시작하면 하늘에 별이 하나둘씩 모습을 드러내지요. 여러분은 밤하늘에서 어떤 별이나 어떤 별자리를 찾아보았나요? 북두칠성, 직녀성, 오리온 등을 들어 본 적은 있겠지만, 밤하늘에서 이것들을 찾기란 생각보다 쉽지 않아요.

밤하늘의 별과 별자리를 알면 나침반이 없어도 방향을 알 수 있지요. 북두칠성을 길잡이 삼아 북극성을 찾으면 북쪽을 찾을 수 있으니까요. 옛사람들은 방향을 알기 힘든 사막이나 바다에서 별자리를 이용해 길을 찾았답니다. 지금도 우주 탐사선이 목적지를 찾아가는 데 별자리를 이용하지요.

별자리를 찾다 보면 어느 별자리에도 속하지 않는 유난히 밝은 '별'을 발견할 수 있지요. 바로 태양계에 있는 행성이랍니다. 코페르니쿠스, 갈릴레이 같은 천문학자들은 행성의 움직임을 관찰하며, 지구가 우주의 중심이라는 주장에 의문을 제기했어요. 지금은 태양을 중심으로 지구를 비롯한 8개 행성이 돌고 있다는 사실을 잘 알고 있지만요.

인류는 밤하늘을 관측하면서 태양계, 별, 은하, 우주 등에 대한 지식을 넓혀 왔습니다. 현대에 들어서는 태양계 밖에 또 다른 지구가 있는지, 또 다른 생명체가 존재하는지를 탐구하고 있답니다.

아는 만큼 보인다는 말은 밤하늘, 별과 우주에 대한 지식을 두고 하는 것 같습니다. 가로등 불빛이 없는 시골에 가면 여름밤을 화려하게 수놓는 은하수를 볼 수 있지요. 옛날에는 맨눈에 뿌옇게 보여 여신 헤라의 젖이 흐르는 길(밀키 웨이, Milky Way), 하늘의 강이라고 불렀지만, 사실 은하수는 우리 은하의 별들이 모여 있는 모습이랍니다.

20세기 중반 이후 인류는 우주 탐사에 나서 왔습니다. 지구 주변에 인공위성과 우주 정거장을 띄우는 것은 물론 달, 행성, 소행성 등에 탐사선을 보내고 있지요. 이를 통해 많은 우주 기술이 개발됐고 이런 기술은 정수기, 안경 등 생활 주변에서도 접할 수 있어요.

이 책에서는 수십 장의 별자리 사진을 보며 밤하늘을 '직접' 즐길 수 있고, 땅이 도는지 하늘이 도는지, 달의 모양이 왜 매일 변하는지, 명왕성은 왜 행성이 아닌지처럼 우주에 대한 다양한 궁금증을 풀 수 있어요. 망원경, 천문대, 우주 탐사의 이모저모도 만날 수 있어요.

어린이 여러분, 이 책을 통해 별과 우주를 아는 지식만큼 세상과 우주를 보는 눈이 커지길 바랍니다.

과학 전문 기자
이충환

| 추천의 글 |

친숙한 별자리로부터
　　최첨단 천문학까지의 친절한 여행!

　고대인들에게 과학은 자연을 '길들이는' 과정이었습니다. 오늘날과 같이 과학 기술 문명이 발달하지 못했던 시절, 야생에서 살아남는 것은 쉬운 일이 아니었습니다. 시시각각 변화하는 거친 자연과 더불어 생활하기 위해 자연을 주의 깊게 관찰하고 자연이 어떻게 작동하는지를 알 필요가 있었지요.

　하늘에 보이는 별들의 위치 그 자체에는 어떤 규칙성이 있는 것이 아닙니다. 그저 땅바닥에 흩뿌려진 모래와 같이 그저 여기저기에서 반짝일 뿐이지요. 하지만 사람은 별들의 위치에 의미를 담기 시작했습니다. 그것이 별자리입니다. 별자리는 별들이 하늘에서 어떻게 움직이는지 주의 깊게 살필 수 있도록 도와주었고, 이는 자연 법칙의 발견으로 이어졌습니다.

　오늘날 자연은 더 이상 거칠고 다루기 힘든 야생의 모습이 아니라, 다루기 쉽고 예측이 가능한 길들여진 모습으로 변해 가고 있습니다. 오늘날 사람들은 별들이 하늘에서 어떻게 움직이는지 아주 잘 이해하고 있고, 예기치 않은 혜성이 나타나도 더 이상 놀라지 않으며, 그 신비하고 아름다운 모습을 차분하게 감상할 마음의 여유를 지니고 있습니다.

　그런데 왜 우리는 여전히 하늘을 바라볼까요? 밤하늘을 아름답게 수놓은 별들 저 너머에 여전히 탐색해야 할 수많은 세계가 우리를 기다리고 있기 때문입니다.

　빛을 빨아들이는 블랙홀, 우리 은하를 잔뜩 채우고 있지만 여전히 볼 수도 없고 정체를 알 수도 없는 암흑 물질, 별이 일생을 마치고 폭발하면서 엄청난 양의 에너지를 뿜어내며 우주를 밝히는 초신성 등에서 보듯이 지구라는 울타리 안에서는 일어날 수도 없고 상상할 수도 없는 일들이 일어나고 있습니다.

　이런 현상을 통해 천문학자들은 한편으로는 지구에서는 검증할 수 없는 이론들을 밝히고, 다른 한편으로는 우리의 보금자리인 태양계와 지구의 기원, 더 나아가 생명 탄생의 비밀이 무엇인지를 밝혀내기 위해 노력합니다. 오늘날 천문학자들의 연구 성과는 거의 매일 여러 매체를 통해 대중에게 전달되고 있지만, 그런 내용을 제대로 이해하는 것은 쉬운 일이 아닙니다.

　이 책, 《신문이 보이고 뉴스가 들리는 재미있는 별자리와 우주 이야기》는 친숙한 별자리로부터 시작해서 최첨단 천문학에 이르기까지의 여정을 친절하게 소개하고 있습니다. 그 여정을 따라가다 보면 최신의 천문 뉴스가 보이고 들리는 경험이 기다리고 있을 것입니다.

서울대학교 물리천문학부 교수
윤성철

| 차 례 |

머리말 · 4
추천의 글 · 6

1장 별자리 이야기 · 12

별자리는 어떻게 만들어졌어요? · 14
북쪽 하늘의 별자리 · 16

큰곰자리 · 18
북두칠성 · 19
작은곰자리 · 20
카시오페이아자리 · 21
세페우스자리(케페우스자리) · 22
용자리 · 23

봄철 하늘의 별자리 · 24

목동자리 · 26
처녀자리 · 27
사자자리와 작은사자자리 · 28
바다뱀자리 · 29
육분의자리 · 30
까마귀자리와 컵자리 · 31
머리털자리 · 32
북쪽왕관자리 · 33

여름철 하늘의 별자리 · 34

백조자리 · 36
독수리자리 · 37
거문고자리 · 38
헤르쿨레스자리 · 39
땅꾼자리(뱀주인자리) · 40
뱀자리와 방패자리 · 41
천칭자리 · 42
전갈자리 · 43
궁수자리 · 44
돌고래자리 · 45

가을철 하늘의 별자리 · 46

페가수스자리 · 48
조랑말자리 · 49
물병자리 · 50
염소자리 · 51
남쪽물고기자리 · 52
안드로메다자리 · 53
물고기자리 · 54
고래자리 · 55
양자리와 삼각형자리 · 56
페르세우스자리 · 57

겨울철 하늘의 별자리 · 58

오리온자리 · 60
큰개자리 · 61
작은개자리 · 62
쌍둥이자리 · 63
마차부자리 · 64
황소자리 · 65
외뿔소자리 · 66
게자리 · 67

하룻밤에 사계절 별자리를 모두 볼 수 있다고요? · 68

2장 지구와 밤하늘 이야기 · 70

땅이 돌까요, 하늘이 돌까요? · 72
지구가 둥근지 어떻게 알았어요? · 74
달의 모양은 왜 매일 변해요? · 76
태양, 지구, 달이 만드는 일식과 월식 · 78
별의 밝기가 다르다고요? · 80
별똥별은 별이 아니라고요? · 82
유성우, 진짜 별이 비처럼 내려요? · 84

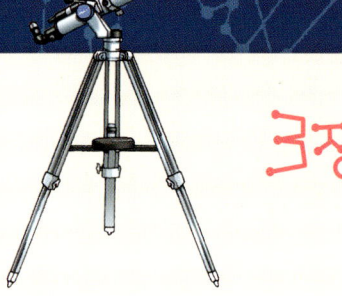

3장 | 망원경과 천문대 이야기 · 86

우주를 관측하는 여러 가지 망원경 · 88
망원경으로 보면 어떻게 보여요? · 90
천체 사진은 어떻게 찍어요? · 92
천문대로 떠나는 우주여행 · 94

4장 | 태양계 이야기 · 96

태양계 식구들은 어떻게 되나요? · 98
태양, 평범하고도 특별한 별 · 102
지구 주위를 도는 위성, 달 · 104
행성은 무엇이고 어떻게 발견되었어요? · 106
명왕성은 왜 행성이 아니라고 해요? · 108
날쌘 행성 수성과 미의 여신 금성 · 110
전쟁의 신처럼 붉은 행성, 화성 · 112
왜 화성을 탐사해요? · 114
작은 태양계를 거느린 목성 · 118
멋쟁이 중절모를 걸친 토성 · 120
닮은 것 같지만 서로 다른 천왕성과 해왕성 · 122
태양계 행성의 크기, 거리, 운동 비교하기 · 124
작지만 때로는 위험한 소행성 · 126
혜성이 나타나면 왜 떠들썩해요? · 128

5장 | 우주 탐사 이야기 · 130

우주 공간, 알고 보면 무시무시한 곳이에요 · 132

우주 탐사 전쟁의 막이 오르다! · 134
우리나라 우주 탐사의 역사 · 136
사람보다 먼저 우주여행을 한 동물이 있다고요? · 138
왜 더 이상 달에 사람을 보내지 않아요? · 140
우주 탐사선, 어디까지 갔나요? · 142
사람이 만든 위성, 인공위성 · 146
우주의 셔틀 버스, 우주 왕복선 · 148
우주 정거장은 왜 필요해요? · 150
우주 비행사가 되려면 어떻게 해야 돼요? · 152
생활 속에 파고든 우주 기술 · 154

6장 우주 이야기 · 156

우주를 이루는 기본 단위가 별이 아니라 은하라고요? · 158
빅뱅이 우주 대폭발이라고요? · 160
신기한 별의 일생 · 162
검은 구멍, 블랙홀이 뭐예요? · 164
우주 기네스 기록을 소개합니다 · 166
지구처럼 생명체가 살 수 있는 외계 행성은 없을까요? · 168
UFO는 외계인의 비행 물체가 아니라고요? · 170
영화 속 우주 묘사, 옥에 티를 찾아라! · 172

사진 출처 · 174
찾아보기 · 175

제1장
별자리 이야기

옛날 사람들은 밤하늘의 별들을 이어 별자리를 만들었어요.
특히 그리스 사람들은 신화 속 여러 주인공들을 별자리에
넣어 이야기를 만들었지요.
덕분에 밤하늘은 신화가 담긴 거대한 그림으로 바뀌었답니다.
별자리는 계절과 보는 위치에 따라 달라져요.
재미난 이야기를 담고 있는 별자리 이야기 속으로 출발!

별자리는 어떻게 만들어졌어요?

오랜 옛날부터 사람들은 하늘의 별들을 특정한 모양으로 묶어서 기억하기 쉽게 별자리를 만들었어요. 별자리는 7000년 훨씬 이전에 아라비아 반도에서 만들어지기 시작했지요. 당시 초원에서 가축을 키우던 목동들은 늦은 밤에 양떼를 지키며 하늘에 있는 밝은 별들을 서로 연결해 여러 가지 모양을 상상해 냈어요.

"이 별들을 이어 보니 전체 모양이 양을 닮았어!"

"저 별들이 이루는 모양은 뿔 달린 황소처럼 생겼네!"

목동들은 주로 양, 황소, 사자 등 동물의 이름을 딴 별자리를 만들었어요. 실제로 기원전 3000년경 메소포타미아 지역에서 번창했던 바빌로니아 왕국의 유물에서 36개의 별자리가 발견됐답니다.

지중해를 오가며 무역을 하던 페니키아 상인들은 메소포타미아에서 탄생된 별자리를 그리스로 전했어요. 그리스 사람들은 신화 속의 여러 주인공을 별자리에 등장시켰어요. 덕분에 밤하늘은 신화가 포함된 거대한 그림으로 바뀌었지요. 서기 150년 고대 그리스의 천문학자 프톨레마이오스가 쓴 《알마게스트》란 책에는 그리스 시대에 만들어진 별자리 48개가 소개되어 있답니다. 이 별자리들은 유럽으로 전해져 현재까지 사용되고 있지요.

계절마다 보이는 별자리가 다른 이유는 지구가 태양 주위를 1년에 걸쳐서 한 바퀴 도는 공전을 하기 때문이에요.

15세기가 되자 유럽 사람들은 배를 타고 남반구까지 항해했고, 북반구에서 보이지 않던 남반구 별들을 바라보며 새로운 남반구 별자리를 탄생시켰어요. 남반구 별자리들은 돛, 망원경, 나침반, 시계처럼 배에서 많이 쓰이는 도구의 이름을 따서 만들어졌답니다.

　그런데 나라마다 서로 다른 별자리를 사용하는 바람에 혼란이 생겼어요. 그래서 1930년 국제천문연맹은 혼란을 막기 위해 회의를 열었고, 여기에 참석한 천문학자들이 별자리를 88개로 확정했답니다. 현재 이 별자리들을 전 세계에서 사용하고 있지요. 별자리를 만드는 별들은 단지 밤하늘에서 같은 방향에 있어 별자리 모양으로 보이는 것일 뿐이고, 서로 아무런 관계도 없어요. 하지만 별자리의 위치가 정해져 있어서 행성, 성운, 은하 등 천체의 위치를 표시하는 데 편리해요.

천상열차분야지도

천상열차분야지도는 조선 시대 태조 때인 1395년에 고구려 천문도를 바탕으로 돌에 새겨 만든 천문도예요. 1247년에 만들어진 중국의 순우천문도에 이어 세계에서 두 번째로 오래된 석각(돌에 새겼다는 뜻) 천문도이지요. 1464개의 별이 표시돼 있고, 동양의 별자리 28수가 나타나 있어요. 또 우주에 대한 당시 이론, 천문도를 만든 사람들의 이름, 만든 이유와 과정 등이 적혀 있어요.

맨눈으로 볼 수 있는 가장 밝은 별(1등성)을 ★로 나타냈어요! 별의 크기가 작을수록 더 어두운 별이에요.

북

동

큰곰자리

카시오페이아자리

천구의 북극
북극성

작은곰자리

용자리

세페우스자리

남

북쪽 하늘의 별자리

실제로 하늘의 별은 고정돼 있지만, 북극성을 포함한 모든 별은 지구의 자전축을 중심으로 동심원을 그리는 운동을 하게 돼요(지구의 자전축은 천구의 북극을 가리키는데, 사실 북극성은 천구의 북극에서 1° 정도 떨어져 있어요.). 지구가 매일 한 바퀴씩 돌기 때문이에요. 하늘 전체에는 모두 88개의 별자리가 있는데, 이 가운데 우리나라에서 잘 볼 수 있는 별자리는 60개 정도랍니다. 이 중에서 북극성 주변에 있는 작은곰자리, 큰곰자리, 카시오페이아자리 등은 북쪽 하늘에서 계절에 상관없이 볼 수 있지요.

북쪽 하늘의 모든 별은 시간에 따라 북극성을 중심으로 해서 시계 반대 방향으로 도는 것처럼 보여요.

북극성은 항상 북쪽 하늘의 일정한 위치에 떠 있어서 북쪽 방향을 알려 주는 별이지요. 그래서 옛날 사람들도 넓은 바다를 항해할 때 북극성을 찾아 방향을 파악했어요. 예를 들어 산속에서 길을 잃었을 때 북극성을 찾으면 나침반 없이 동서남북 방향을 알아낼 수 있답니다. 북극성은 방향을 알려 주는 길잡이인 셈이에요.

지구를 중심으로 둥글게 보이는 밤하늘을 천구라고 하고, 지구의 자전축을 북쪽으로 연장해서 천구와 만나는 점을 천구의 북극이라고 해요.

큰곰자리

북두칠성을 포함하고 있어 북쪽 하늘에서 가장 찾기 쉬운 별자리예요. 북두칠성의 국자 손잡이를 큰곰의 꼬리로 삼으면, 그 앞쪽에 큰곰의 몸통과 머리가 있고 아래쪽으로 큰곰의 다리가 있어요.

그리스 신화에 따르면 큰곰자리는 바람둥이 신인 제우스의 애인 칼리스토가 변한 모습이라고 해요. 칼리스토는 아르카디아의 공주였는데, 제우스와 사이에서 아들 아르카스를 낳았지요. 이것을 알게 된 제우스의 아내 헤라가 칼리스토를 곰으로 만들어 버렸다고 해요.

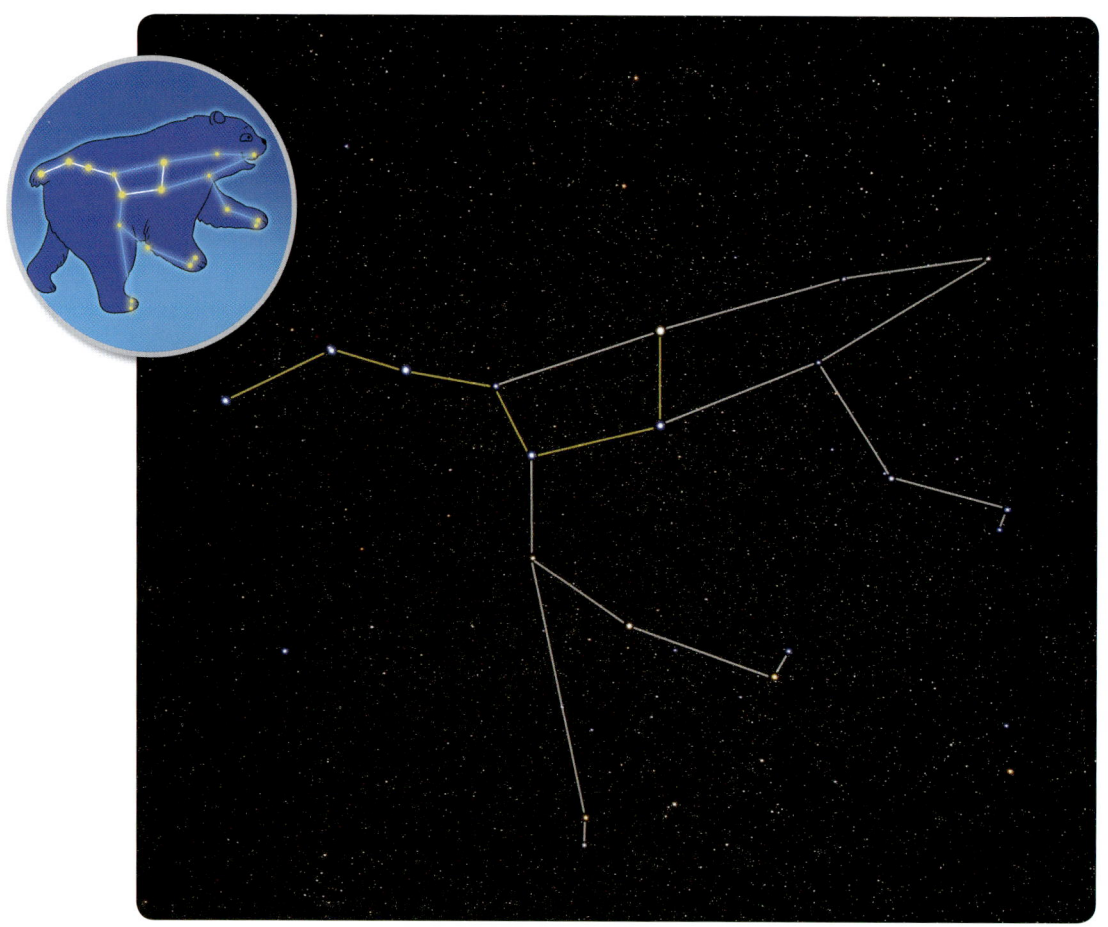

북두칠성

　일곱 개의 밝은 별이 국자 모양을 하고 있는 북두칠성은 우리나라에서 1년 내내 볼 수 있어요. 오랜 옛날부터 북쪽의 길잡이로 친숙한 별자리이지요. 흥미롭게도 국자의 자루 끝에서 두 번째 별은 자세히 보면 미자르와 알코르라는 두 별임을 알 수 있어요. 옛날 아라비아에서는 이 두 별을 군인의 시력 검사에 이용했다고 해요.
　북두칠성은 한국과 중국에서 인간의 수명을 주관하는 별자리로 여겨졌답니다. 옛날 청동기 시대 고인돌 뚜껑에도, 고구려 사람들의 무덤 속에도 그려져 있지요. 북두칠성은 효성스런 일곱 아들이 죽어서 별이 된 것이라는 전설이 전해져요.

작은곰자리

북극성을 품고 있는 별자리예요. 흔히 북극성이 하늘에서 가장 밝다고 잘못 알고 있는데, 사실 북극성은 2등성으로 전체 하늘에서 49번째로 밝은 별일 뿐이에요. 북극성이 얼마나 높이 떠 있는지 파악한다면, 그 지방의 위도를 알 수 있어요.

작은곰자리의 주인공은 제우스와 칼리스토 공주 사이에서 태어난 아들 아르카스예요. 헤라의 저주로 곰이 된 어머니 칼리스토는 숲 속에서 아르카스와 만났는데, 아르카스는 어머니를 몰라보고 활시위를 당기려고 했지요. 그 순간 제우스가 그를 곰으로 만든 뒤 칼리스토 옆에 올려 나란히 하늘의 별자리가 되게 했답니다.

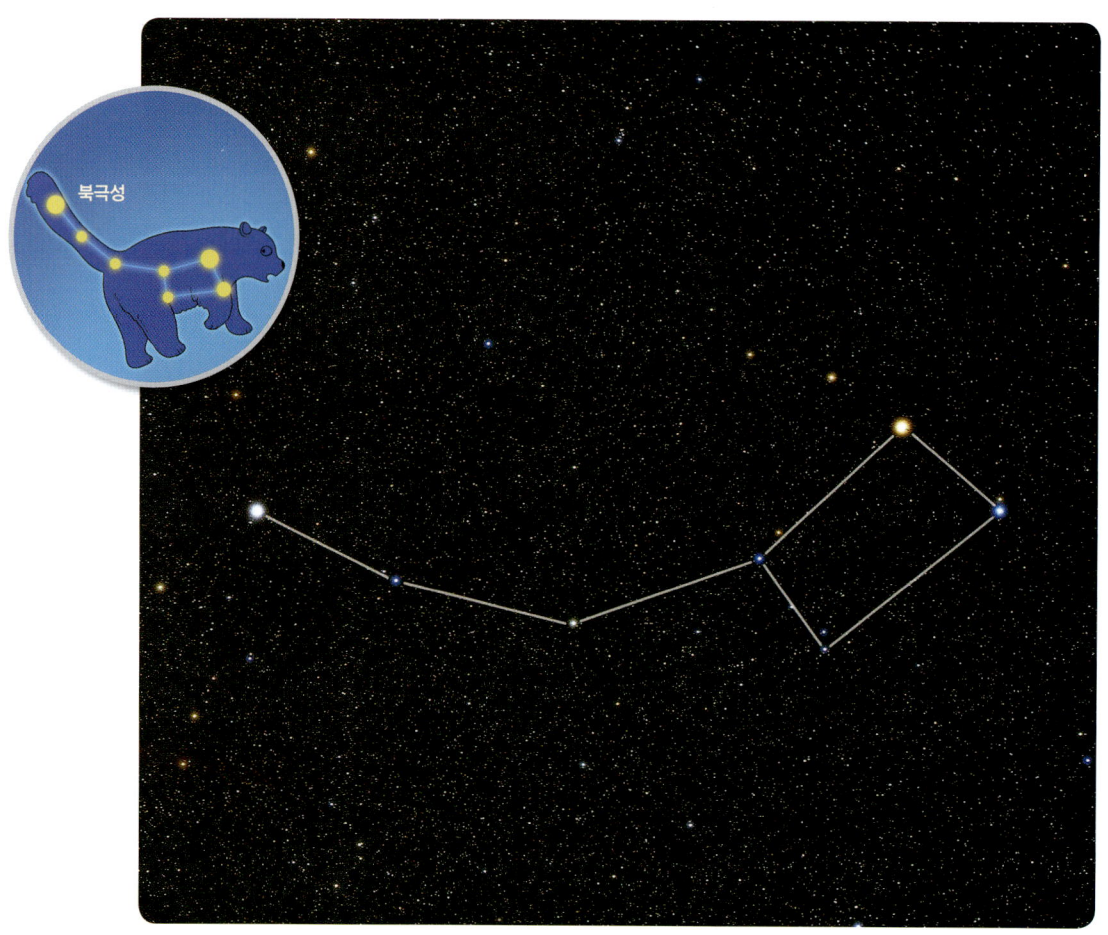

카시오페이아자리

W자 모양으로 북두칠성과 함께 가장 잘 알려진 별자리예요. 북극성을 축으로 북두칠성과 서로 반대편에 위치하고 있어서 북극성을 찾는 데 길잡이 역할을 하지요. 특히 가을과 겨울에 잘 보인답니다.

카시오페이아는 에티오피아의 왕비이자 세페우스(케페우스)의 부인이며, 안드로메다 공주의 어머니였지요. 허영심 많은 카시오페이아는 자신이 바다의 요정들보다 아름답다고 자랑하고 다니다가 바다의 신 포세이돈의 분노를 샀어요. 그 대가로 카시오페이아는 하루의 반은 하늘에 거꾸로 매달려 벌을 받게 됐답니다.

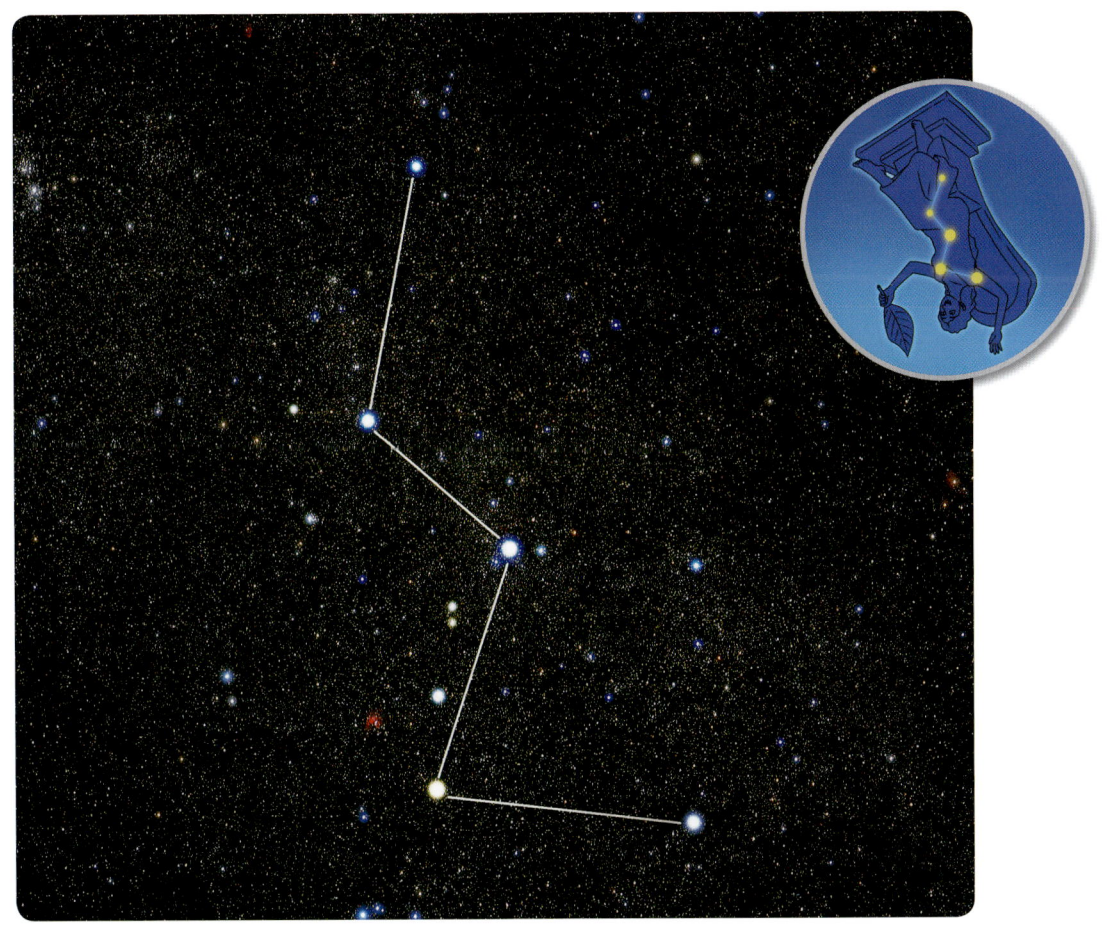

세페우스자리(케페우스자리)

다섯 개의 별이 오각형을 이루는 세페우스자리는 카시오페이아자리 옆에 있어요. 에티오피아의 왕인 세페우스(케페우스)가 부인 옆에 나란히 있는 것이지요. 세페우스자리를 이루는 다섯 별 중에서 하나는 밝기가 변하는 별(변광성)이에요.

세페우스는 카시오페이아의 남편이자 안드로메다 공주의 아버지예요. 허영심 많은 부인 카시오페이아 때문에 예쁘고 착한 딸인 안드로메다를 괴물 고래에게 제물로 바쳐야 했는데, 때마침 그곳을 지나던 영웅 페르세우스의 도움을 받아 딸을 살릴 수 있었어요. 이들 가족 모두는 북쪽 하늘에서 빛나고 있답니다.

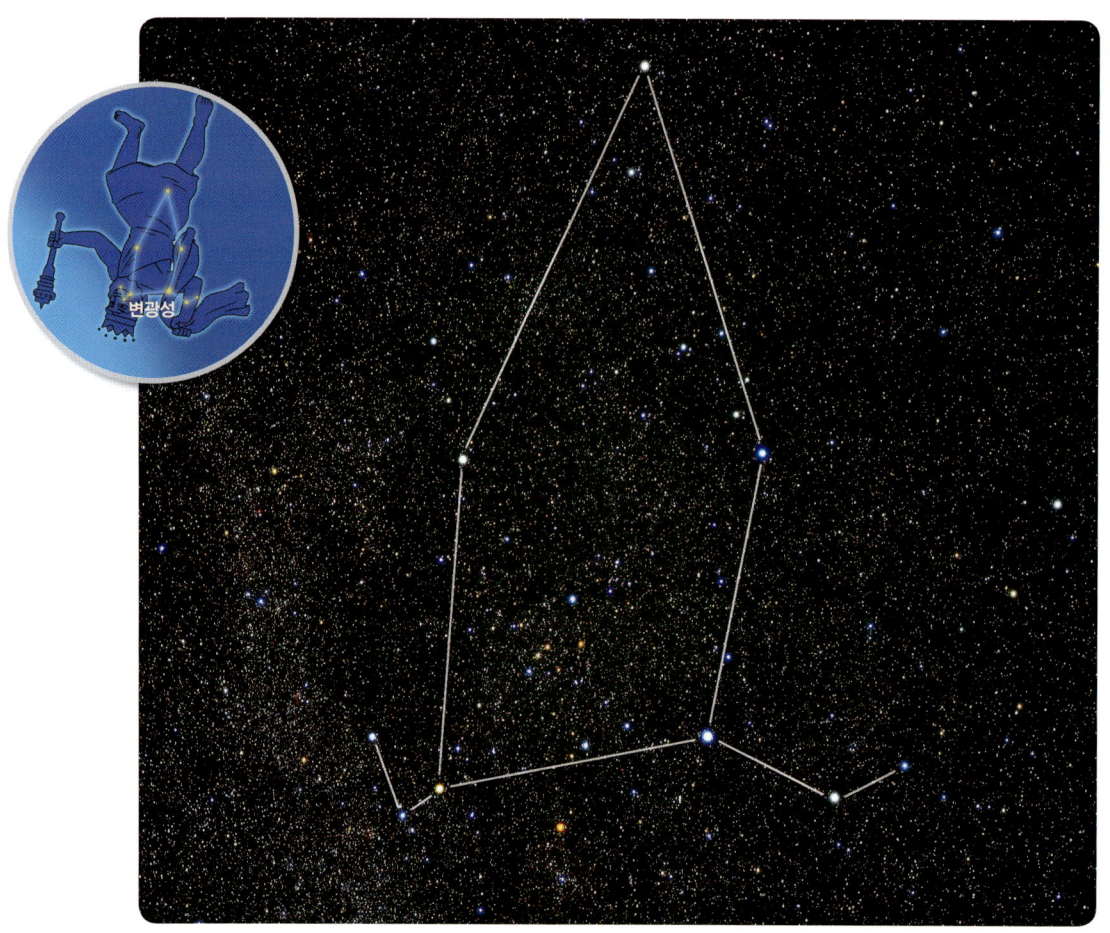

용자리

　용자리의 꼬리는 북두칠성과 작은곰자리 사이에 있고, 용의 몸통과 머리는 작은곰자리를 감싸고 있어요. 흥미롭게도 용자리의 알파별인 투반은 지금으로부터 약 5000년 전에 하늘(천구)의 북극에 있었답니다. 지금의 북극성을 대신한 셈이지요.

　그리스 신화에 따르면 용자리의 주인공은 헤스페리데스의 황금사과를 지키는 용이에요. 영웅 헤라클레스는 자유를 얻기 위해 열두 가지 모험을 치렀는데, 그중 열한 번째 모험으로 이 용을 물리치고 황금사과를 가져왔어요. 제우스는 헤라클레스의 승리를 기념하기 위해 그 용을 하늘에 올려 별자리로 만들었다고 해요.

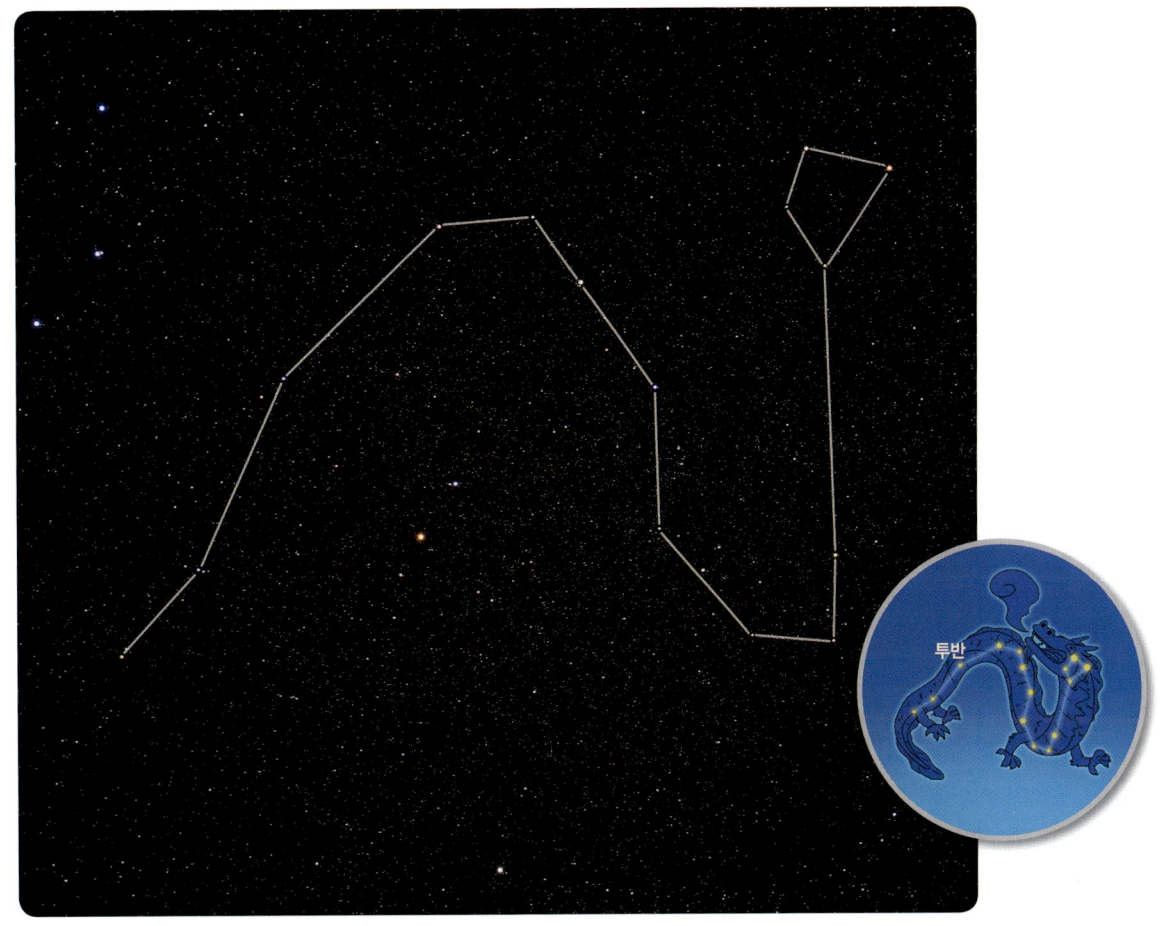

봄철 하늘의 별자리

봄의 대표 별자리는 목동자리를 비롯한 처녀자리와 사자자리예요. 봄의 별자리를 찾는 데 길잡이 역할을 하는 것은 커다란 국자 모양을 한 북두칠성이랍니다.

먼저 북두칠성을 찾아보세요. 북두칠성의 국자 손잡이를 그대로 이어 보면 밝은 별을 차례로 발견할 수 있지요. 첫 번째로 만나는 밝은 별이 목동자리의 아르크투루스이고, 두 번째로 만나는 밝은 별이 바로 처녀자리의 스피카랍니다. 북두칠성에서 아르크투루스를 거쳐 스피카까지 이은 선을 '봄의 대곡선'이라고 해요.

또 스피카, 아르크투루스와 삼각형을 이루는 위치에서 밝은 별을 찾을 수 있어요. 이 별은 사자자리의 꼬리에 위치한 데네볼라예요. 스피카, 아르크투루스, 데네볼라는 하늘에 커다란 삼각형을 만드는데, 이 삼각형을 '봄의 대삼각형'이라고 해요. 그런데 데네볼라는 사자자리에서 가장 밝은 별이 아니랍니다. 사자자리 머리 쪽에 있는 레굴루스가 더 밝아요.

별자리를 쉽게 찾기 위해서는 길잡이가 되는 별이나 별자리를 이용하는 것이 좋아요. 방향을 알려 주거나 다른 별자리를 찾을 때 도움이 되는 별 또는 별자리를 길잡이 별이나 별자리라고 할 수 있지요.

목동자리

　북두칠성의 국자 손잡이 쪽으로 곡선을 연장해 남쪽으로 이으면 봄철 밤하늘에서 가장 밝은 별인 아르크투루스를 만날 수 있어요. '곰을 지키는 사람'이란 뜻의 이 별은 태양보다 약 100배나 밝고 지름도 27배나 크다고 해요. 아르크투루스를 포함해 그 북쪽으로 이어지는 별들이 목동의 몸을 이루고 있지요.

　목동자리는 소가 끄는 쟁기를 발명해 농사의 신기원을 이룩한 아르카스의 별자리라고 전해져요. 아르카스는 제우스와 칼리스토 사이에서 태어난 아들이지요. 목동자리는 머리 꼭대기 부근에 있어서 하늘을 떠받치는 거인 아틀라스라고도 해요.

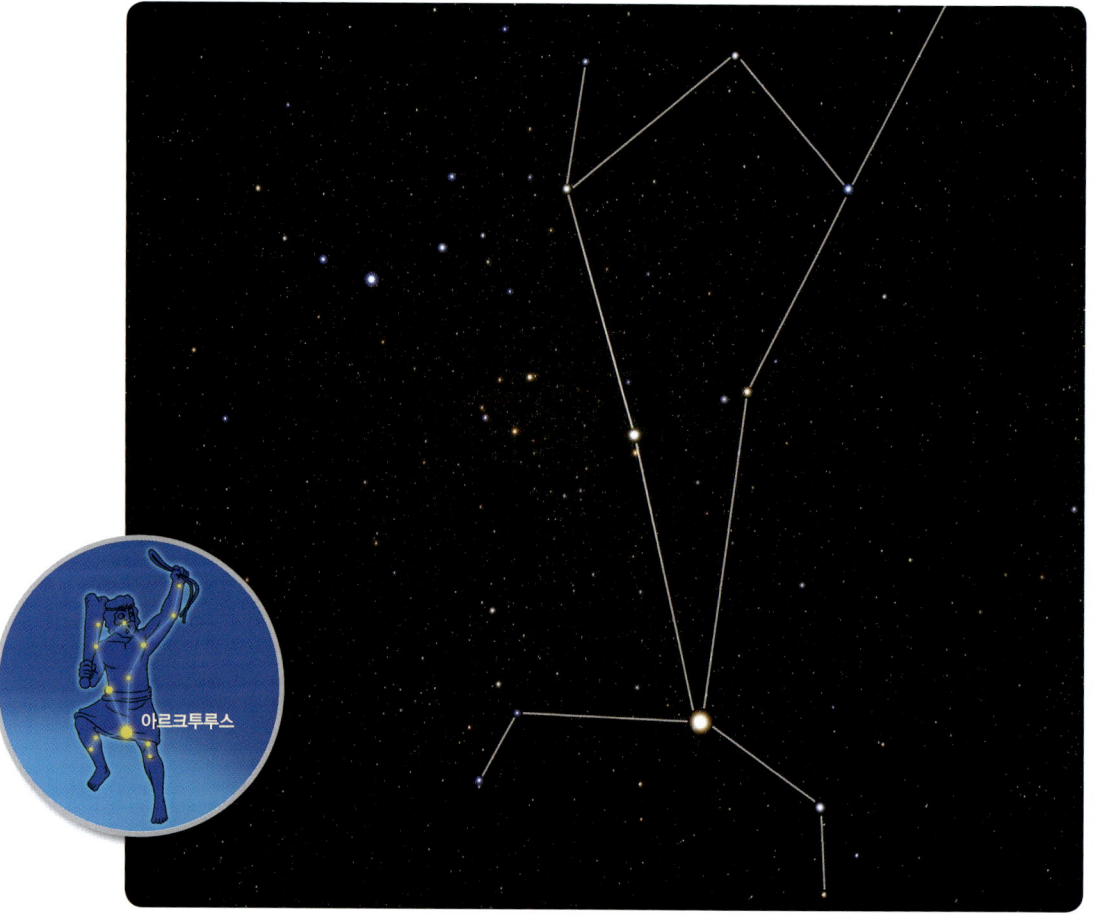

처녀자리(황도 12궁)

봄을 타는 여성을 '봄 처녀'라고 하는데, 봄의 밤하늘에서도 처녀를 찾을 수 있답니다. 바로 처녀자리예요. 그리스 신화에 따르면 처녀자리의 주인공은 정의의 여신 아스트라이아(또는 대지의 여신 데메테르의 딸 페르세포네)라고 해요.

처녀자리는 손에 보리 이삭을 들고 있는 여신의 모습이랍니다. 보리 이삭 위치에는 처녀자리에서 가장 밝은 별인 스피카가 있어요. 스피카는 '곡물의 이삭'이라는 뜻인데, 옛날 사람들은 이 별을 보고 씨 뿌리는 시기가 온 것을 알아차렸다고 해요. 북두칠성에서 아르크투루스로 이은 선을 연장하면 스피카를 만날 수 있어요.

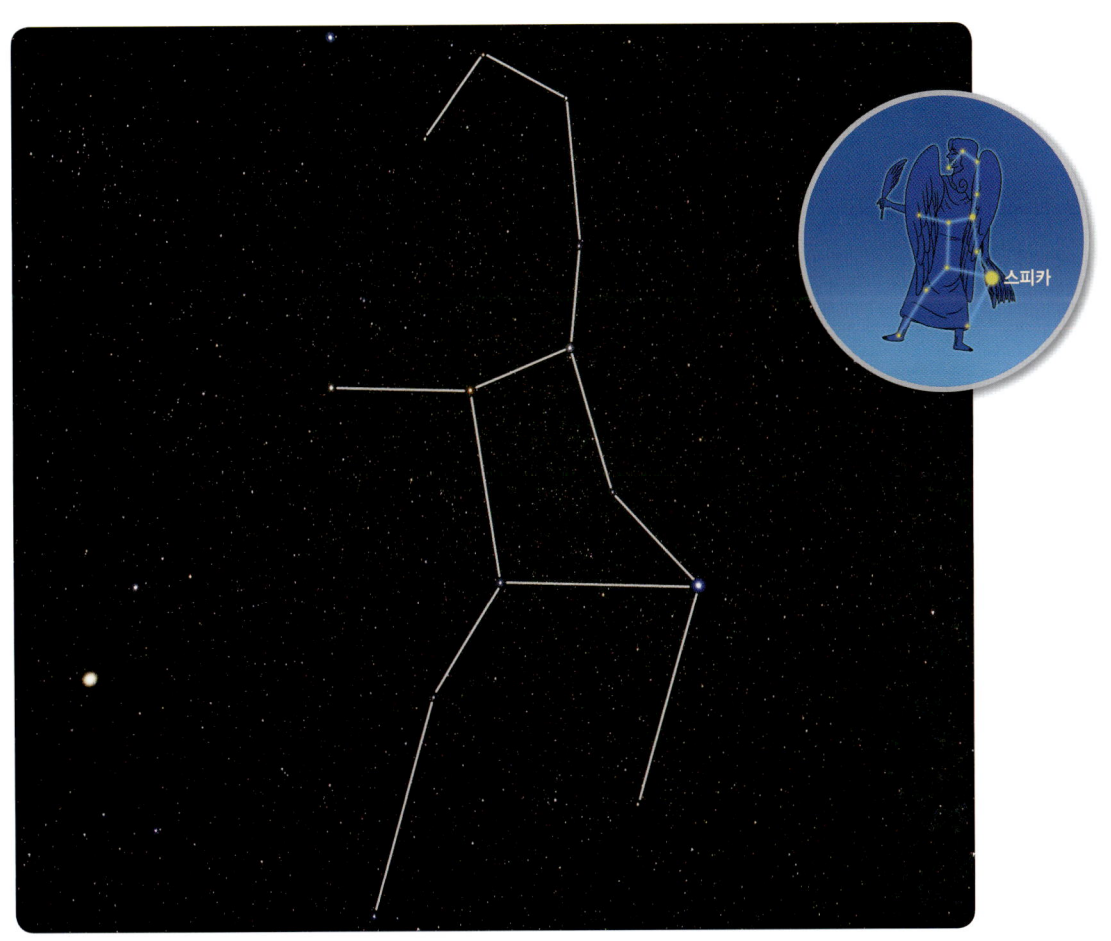

사자자리(황도 12궁)와 작은사자자리

봄 무렵 남쪽하늘에서 물음표(?)가 좌우로 뒤집힌 모양을 찾아보세요. 바로 사자자리에서 엎드려 있는 사자의 머리에 해당하는 부분이랍니다. 그중에서 가장 밝은 별이 사자자리의 1등성 레굴루스예요. 사자자리의 주인공은 네메아의 대사자예요. 달에서 유성 하나가 네메아 골짜기에 떨어질 때 황금사자로 변했는데, 이 사자는 보통 사자보다 훨씬 크고 포악해 사람들을 많이 괴롭혔어요. 다행히 영웅 헤라클레스가 열두 모험 중 첫 번째로 이 사자를 물리쳤답니다. 사자자리 위쪽으로는 17세기 폴란드의 천문학자 헤벨리우스가 새로 만든 작은사자자리도 있어요.

바다뱀자리

봄부터 여름 사이에 남쪽 하늘에서 볼 수 있는 매우 큰 별자리랍니다. 길이로는 전체 하늘에서 이 별자리보다 긴 것은 없을 정도예요. 머리가 게자리 밑에서 시작해 몸통은 육분의자리, 컵자리, 까마귀자리 옆을 지나고, 꼬리는 센타우루스자리(켄타우루스자리)에서 끝나지요. 각도로는 100도 이상이나 된답니다.

바다뱀자리의 주인공은 헤라클레스가 두 번째 모험에서 물리쳤던 레르네의 히드라예요. 원래 히드라의 머리는 아홉 개였지만 별자리에는 하나밖에 없는데, 그 이유는 나머지 모두를 헤라클레스가 베어 버렸기 때문이라고 해요.

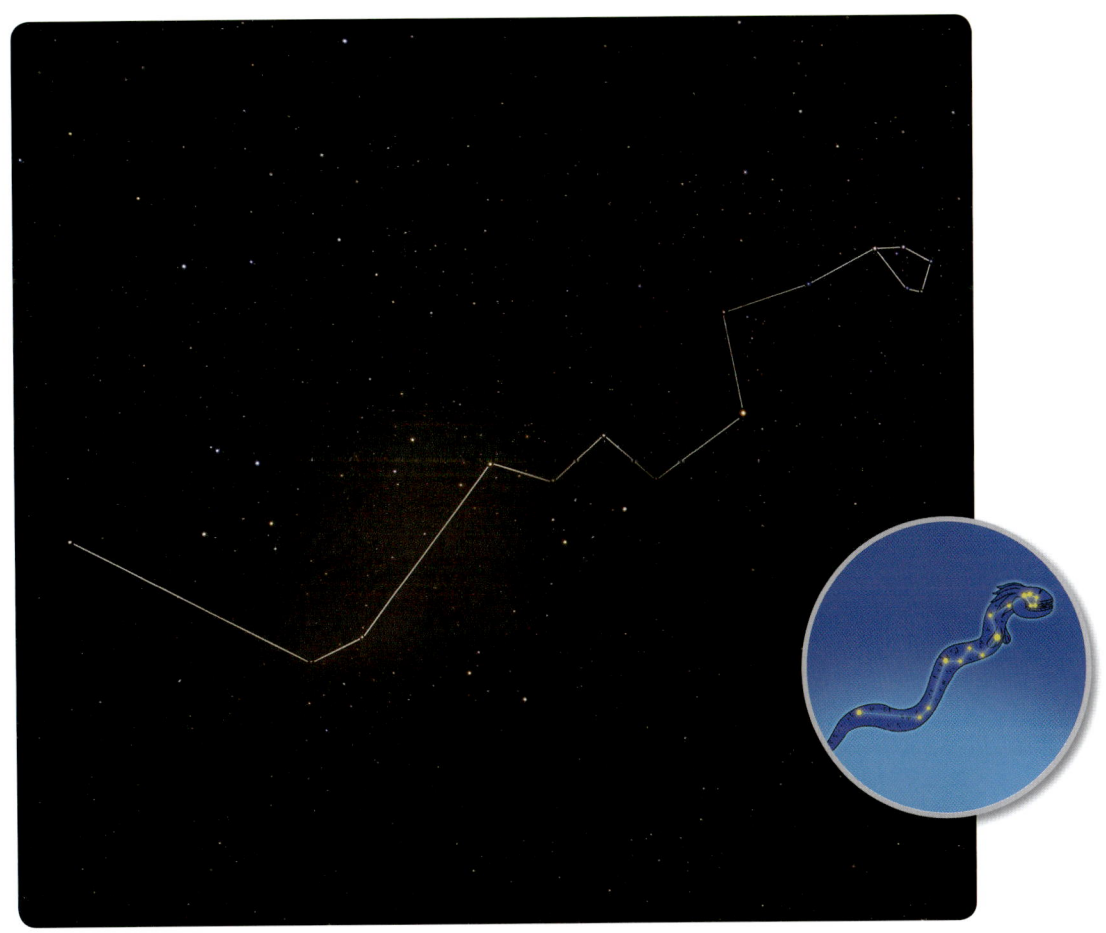

육분의자리

사자자리 아래에 있는 작고 희미한 별자리예요. 어두운 4등성과 5등성이 작은 삼각형을 이루고 있어요. 1690년 폴란드의 천문학자 헤벨리우스가 만든 별자리랍니다. 육분의는 별의 위치를 측정하는 기구예요.

어느 날, 헤벨리우스의 집에 불이 나서 그가 20년간 사용했던 육분의가 불에 타 버렸다고 해요. 이 사건이 일어난 뒤, 헤벨리우스는 불같은 성격을 지닌 사자와 바다뱀 사이에 육분의자리를 만들었어요. 그리고 이 별자리를 볼 때마다 지난 실수를 기억하며 자신의 부주의에 대한 경각심을 일깨웠다고 해요.

까마귀자리와 컵자리

그리스 신화에 따르면, 어느 날 태양의 신 아폴론이 목이 말라 까마귀에게 물을 떠 오라고 심부름을 시켰어요. 까마귀는 도중에 무화과나무를 발견하고 탐스런 열매를 따 먹었어요. 그러다가 너무 늦는 바람에 물뱀과 싸우다 늦었다고 거짓말을 하려고 물뱀을 잡아서 돌아왔지요. 하지만 모든 사실을 알고 있던 아폴론은 화를 내며 까마귀, 물뱀, 컵을 모두 하늘로 던져 버렸어요. 그래서 하늘에 세 별자리가 나란히 있게 됐답니다. 까마귀자리와 컵자리는 봄철 남쪽 하늘에서 바로 옆에 있어요. 벌 받은 까마귀는 컵을 옆에 두고도 물을 마실 수 없는 신세라고 해요.

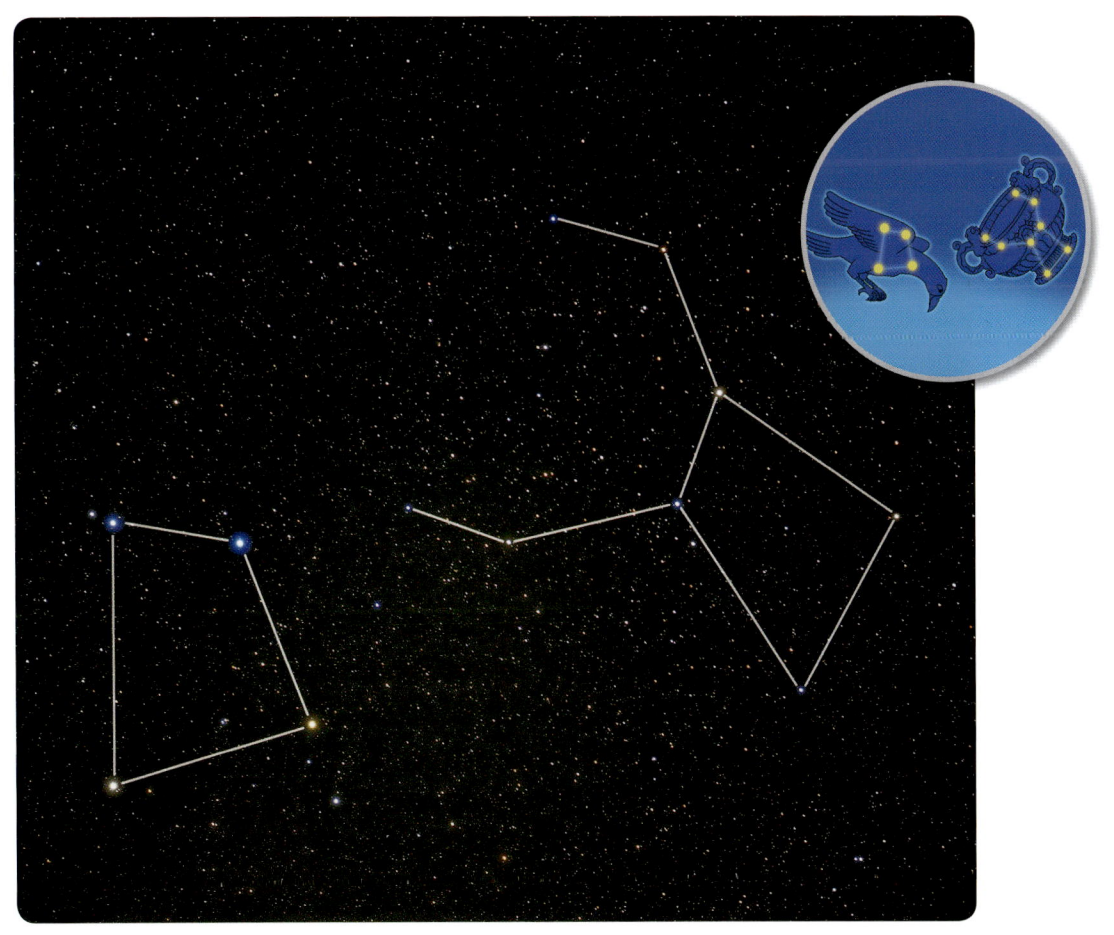

머리털자리

봄철 초저녁에 머리 꼭대기에 보이는 별자리로 사자자리와 목동자리 사이에 있어요. 희미한 별들이 모여 있어서 머리카락 모양을 떠올리기는 쉽지 않아요. 고대 로마 시대부터 있던 별자리이지만 중세에는 사용되지 않다가, 16세기에 덴마크의 천문학자 튀코 브라헤가 사자자리 꼬리에 해당하던 별들을 분리해 새로 만들었답니다. 정확한 이름은 '베레니케의 머리털자리'예요. 기원전 3세기경 고대 이집트의 왕비 베레니케는 남편인 프톨레미 3세가 전쟁에서 무사히 돌아온 것에 감사하며 아프로디테 신전에 머리털을 바쳤는데, 이를 기념해 만든 별자리이지요.

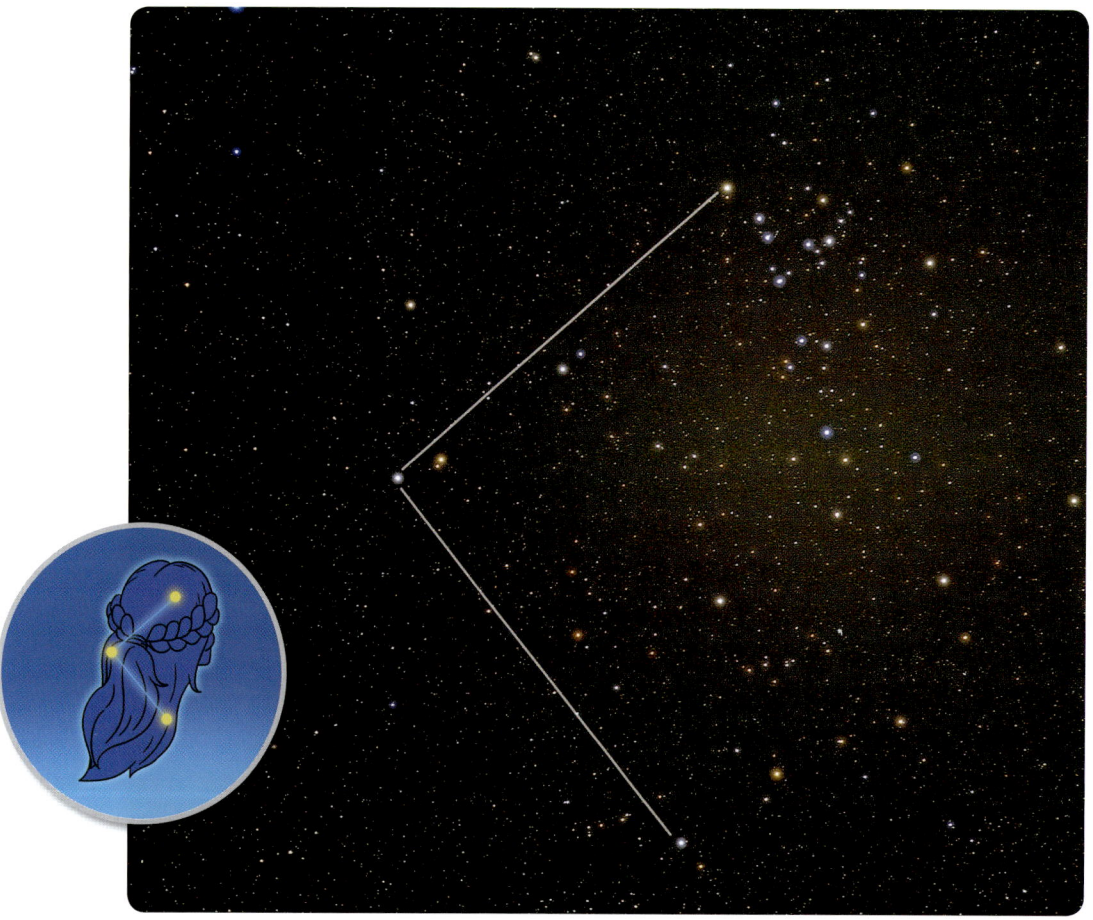

북쪽왕관자리

목동자리와 헤르쿨레스자리 사이에서 7개의 별이 반원형을 이루는 별자리예요. 겜마(진주라는 뜻)로 불리는 알파별은 왕관 중앙에 박힌 멋진 보석처럼 보여요.

신화에서 이 별자리의 왕관은 크레타 섬의 공주 아리아드네가 술의 신 디오니소스한테서 결혼 선물로 받은, 보석으로 장식된 금관이에요. 아리아드네가 늙어서 죽게 되자, 디오니소스는 그녀에 대한 사랑을 영원히 간직하려고 이 금관을 하늘에 올려 별자리로 만들었다고 해요. 원래는 왕관자리였는데, 후에 남쪽 하늘에 또 다른 왕관자리가 만들어지면서 둘을 구별하기 위해 북쪽이란 말을 덧붙였어요.

맨눈으로 볼 수 있는 가장 밝은 별(1등성)을 ★로 나타냈어요! 별의 크기가 작을수록 더 어두운 별이에요.

7월 1일 21시(밤 9시)에 볼 수 있는 별자리

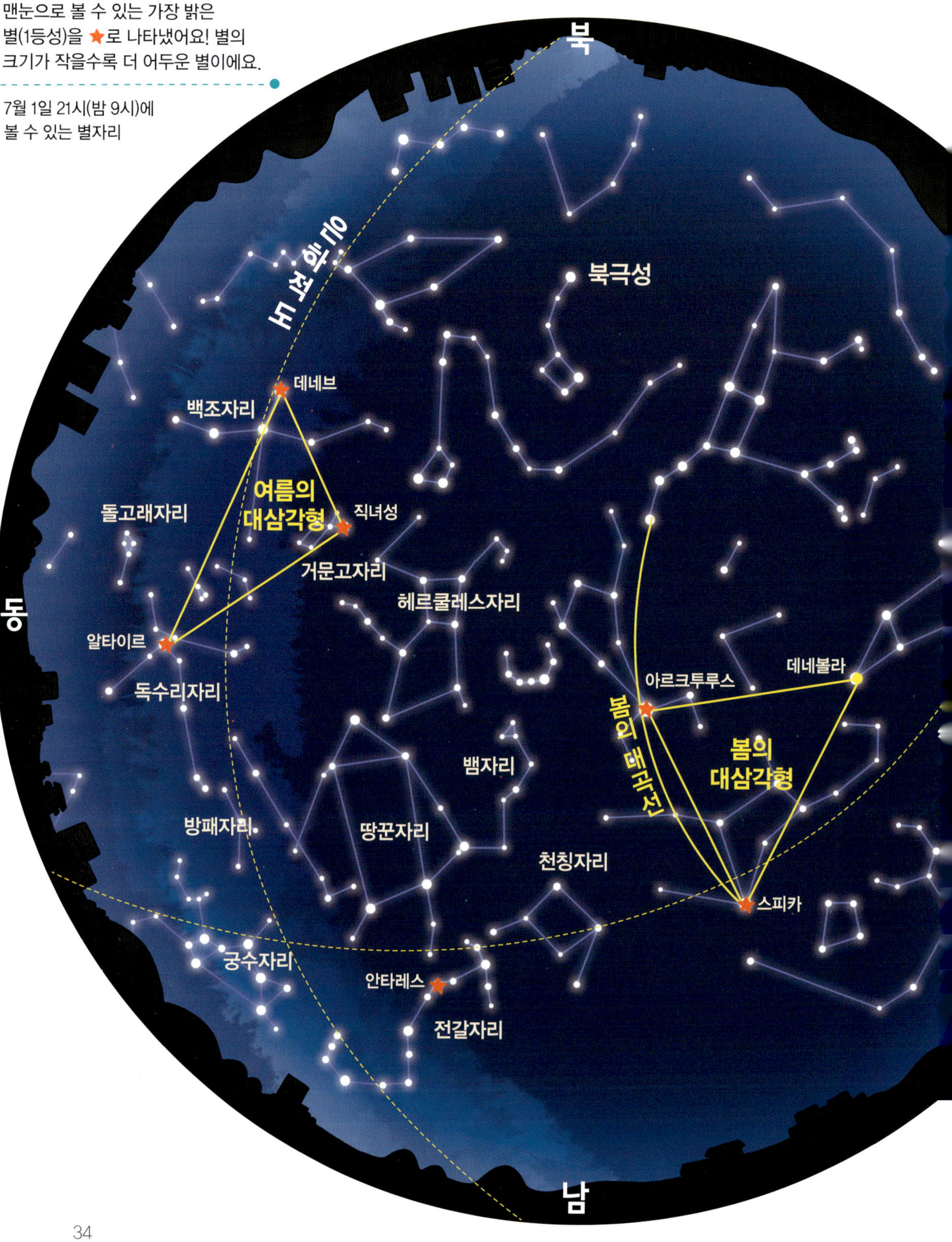

여름철 하늘의 별자리

여름밤에는 하늘 한가운데를 뿌연 은하수가 흘러가지요. 은하수 근처에 거의 머리 꼭대기에서 밝게 빛나고 있는 별이 바로 거문고자리의 베가(직녀성)예요. 직녀성에서 은하수 쪽을 바라보면 밝은 별을 볼 수 있는데, 이 별은 독수리자리에서 빛나는 알타이르랍니다. 독수리자리는 큰 독수리가 은하수 위를 날아가는 모습이지요. 그런데 많은 사람들이 알타이르를 직녀성의 짝인 견우성으로 알고 있지만, 사실 진짜 견우성은 염소자리의 다비흐란 이름의 별이랍니다.

이제 북쪽으로 눈을 돌려 직녀성(베가), 알타이르와 삼각형을 이루는 밝은 별을 찾아보세요. 백조자리의 데네브이지요. 직녀성, 알타이르, 데네브가 '여름의 대삼각형'을 이룬답니다. 커다란 십자가 모양의 백조자리는 북쪽에서 남쪽으로 은하수 위를 유유히 날고 있어요. 은하수를 따라 남쪽으로 가면 주전자 모양의 궁수자리, 거대한 S자 모양의 전갈자리를 만날 수 있어요.

백조자리

여름철 밤하늘에서 머리 꼭대기에 보이는 커다란 십자가 모양의 별자리예요. 은하수 한가운데를 마치 백조가 날개를 활짝 펴고 날아가는 것 같지요. 신화에 따르면 이 백조는 제우스가 변신한 모습이라고 해요.

제우스는 스파르타의 왕비 레다를 보고 그녀의 아름다움에 푹 빠졌어요. 그래서 그녀를 만나러 가려고 백조로 탈바꿈해 올림포스 산을 빠져 나오곤 했지요. 질투가 심한 아내 헤라에게 들키지 않기 위해서 말이에요. 제우스와 사랑을 나눈 레다는 쌍둥이 아들 카스토르와 폴룩스, 미인 중의 미인 헬렌을 낳게 된답니다.

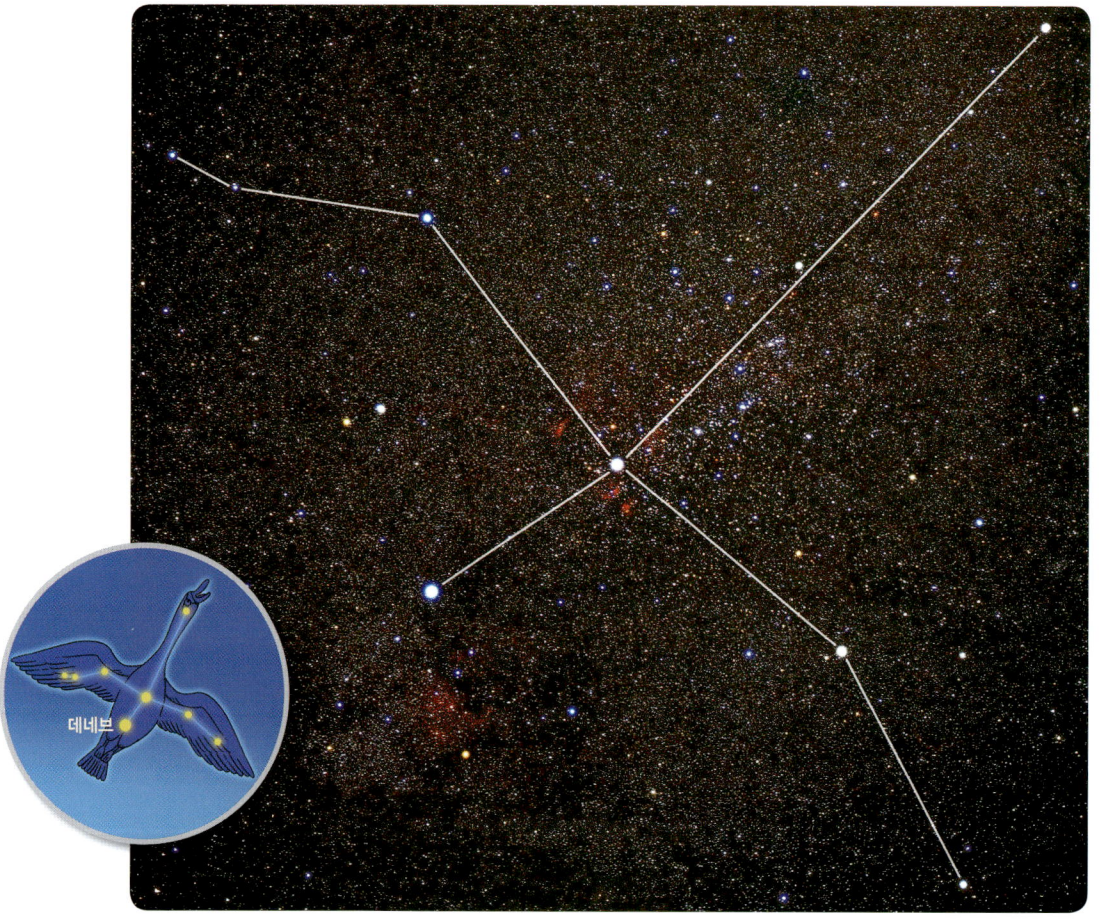

독수리자리

　여름 동쪽 하늘에 보이는 약간 흐트러진 십자 형태의 별자리예요. 은하수 양쪽에 헤어져 있다가 칠월칠석에 만난다는 전설의 견우와 직녀처럼 은하수를 사이에 두고 거문고자리와 마주 보는 위치에 있어요. 독수리자리의 알파별 알타이르가 견우성으로 알려져 있지요(하지만 진짜 견우성은 염소자리의 다비흐랍니다).

　독수리자리는 제우스가 변신한 모습이라고 해요. 제우스는 올림포스 산에서 신들에게 술시중을 들 젊은이를 찾으러 독수리로 변해 지상으로 내려갔어요. 결국 트로이 언덕에서 양떼를 돌보던 소년 가니메데를 발견하고 그를 납치해 갔답니다.

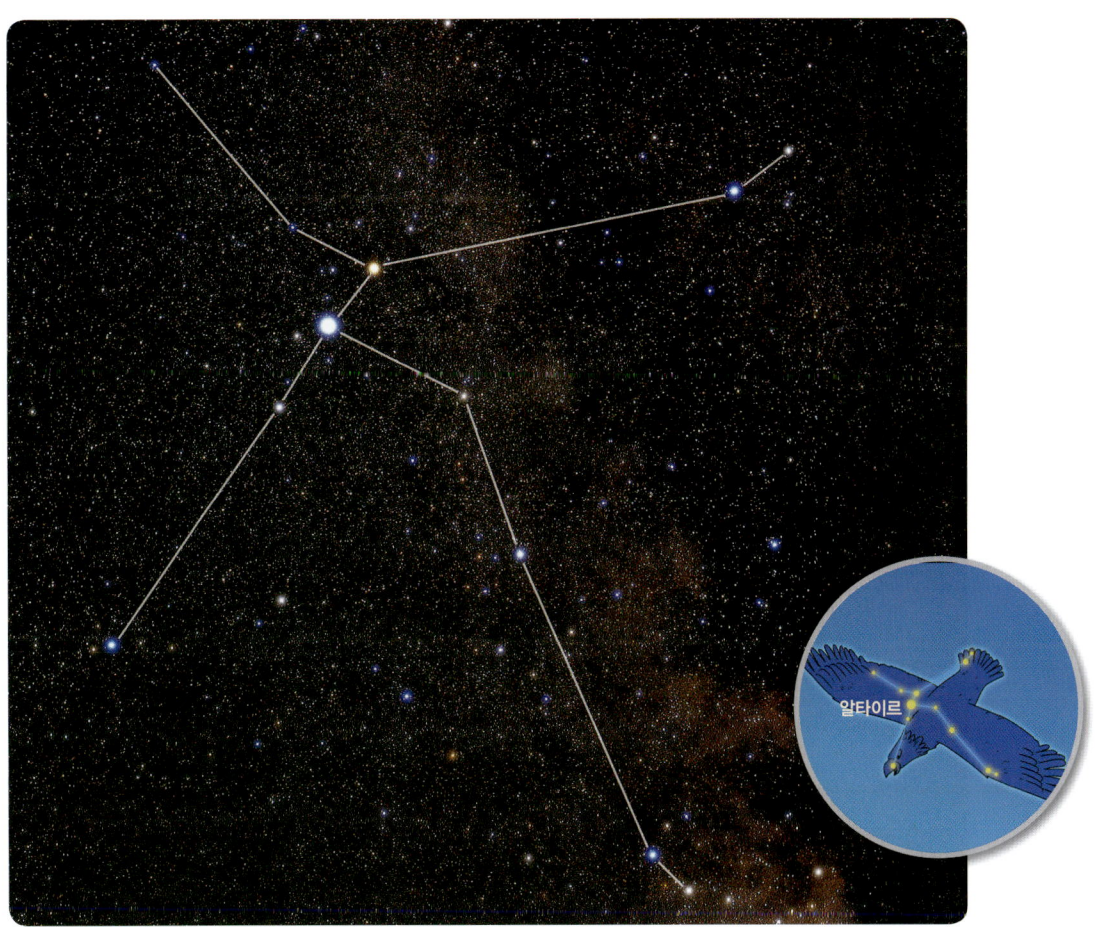

거문고자리

여름철 밤하늘의 대표적 별자리로 머리 꼭대기에 보여요. 모양은 U자형 틀에 현을 붙인 하프로 그려져요. 거문고자리의 알파별 베가는 직녀성으로 유명하지요.

그리스 신화에 따르면 거문고자리는 아폴론이 시인이자 음악가인 아들 오르페우스에게 선물했던 하프를 딴 별자리라고 해요. 오르페우스는 아내가 뱀에 물려 죽자, 지하 세계로 찾아가 거문고를 연주했어요. 결국 지하 세계를 감동시켜 아내를 데려가라는 허락을 받지만, 뒤돌아보지 말라는 약속을 어겨 실패했어요. 오르페우스는 실망해서 죽었고, 주인을 잃은 거문고에서는 계속 음악이 흘러나왔답니다.

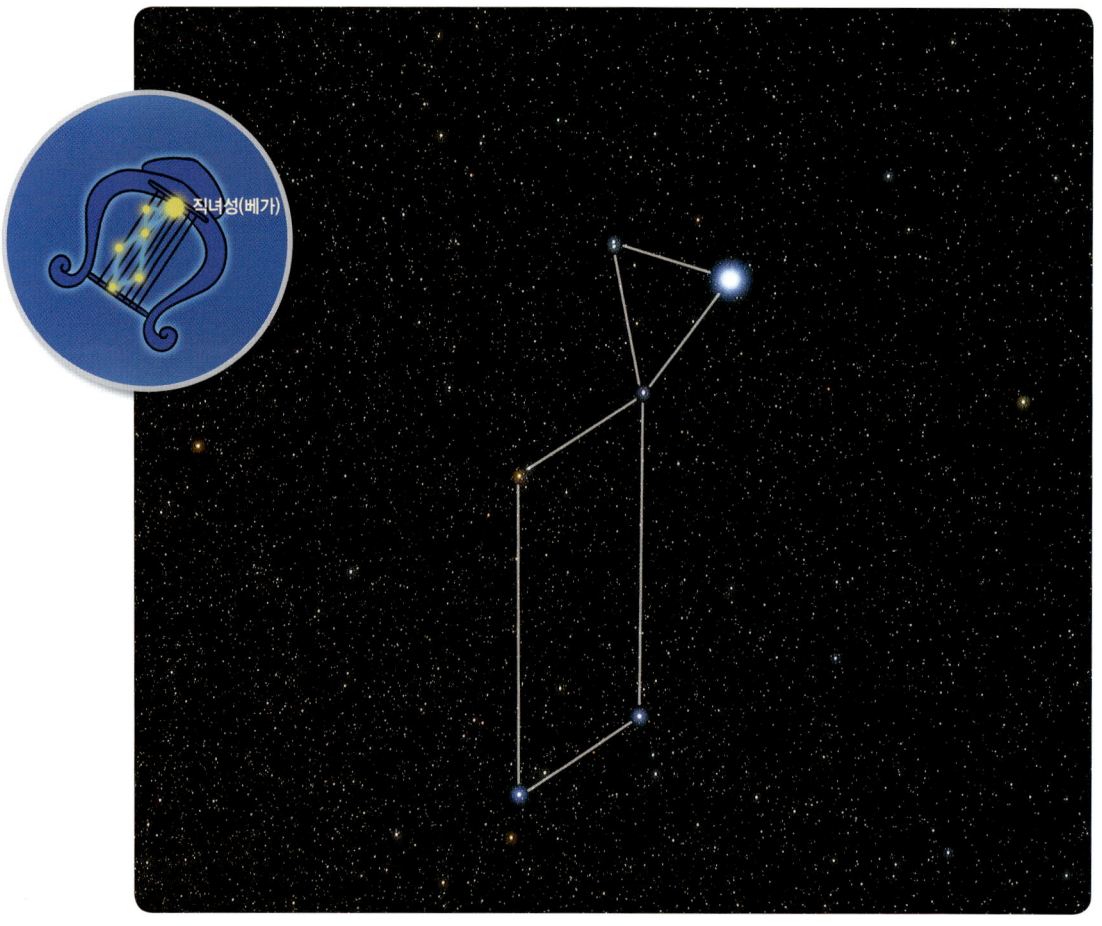

헤르쿨레스자리

한여름에 머리 꼭대기에서 볼 수 있는 별자리로, 6개의 3등성이 찌그러진 H자 모양을 이루고 있어요. 한쪽 무릎을 굽힌 채, 한쪽 손에는 곤봉을 들고 다른 손에는 뱀을 든 헤라클레스의 모습이랍니다.

헤라클레스는 제우스와 알크메네 사이에서 태어난 아들인데, 어릴 때부터 제우스의 부인 헤라에게 미움을 받았어요. 청년 때는 헤라의 꾐에 빠져 노예가 됐고 자유를 얻기 위해 열두 가지 모험을 해야만 했지만, 모든 모험을 무사히 이겨 냈지요. 헤라클레스는 사자자리, 게자리, 바다뱀자리 등에 얽힌 신화에도 나온답니다.

땅꾼자리(뱀주인자리)

여름철 남쪽 하늘에 보이는 별자리로 헤르쿨레스자리 남쪽, 전갈자리 북쪽에 자리하고 있어요. 모양은 가늘고 긴 오각형이고, 맨 아래 부분은 뱀자리와 공유하고 있지요. 별자리에서 말하는 뱀주인이란 의사를 뜻한답니다. 뱀은 허물을 여러 번 벗는 능력이 있기 때문에 재생의 힘, 즉 의술을 상징한다고 해요.

뱀주인자리의 주인공은 의술의 신 아스클레피오스로, 양손에 뱀을 잡고 있는 거인의 모습이에요. 아폴론의 아들로 후에 케이론에게서 의학, 식물학, 약초 다루는 법 등을 배워 죽은 사람까지 살리지만, 제우스의 번개에 맞아 죽었답니다.

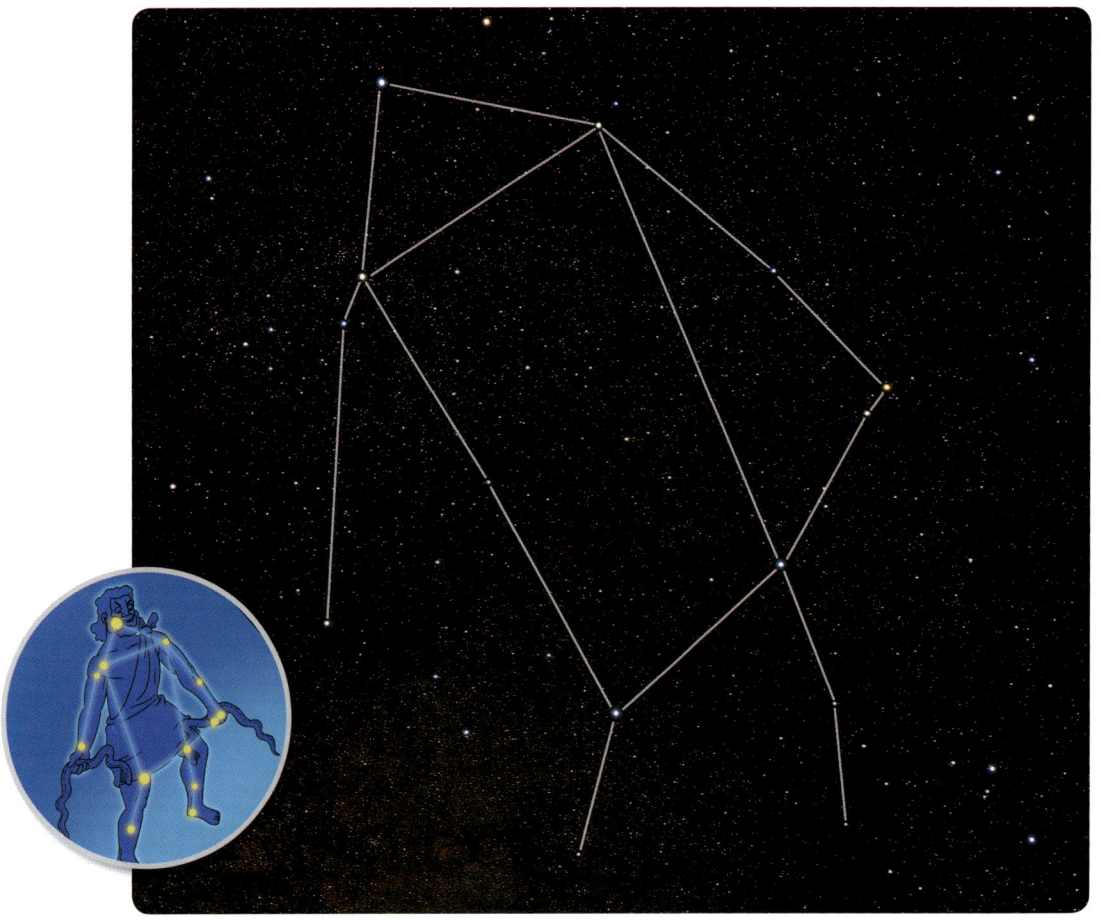

뱀자리와 방패자리

여름 남쪽 하늘에 보이는 뱀자리는 뱀주인자리에 의해 반으로 잘려 있어요. 10여 개의 별이 나란히 늘어서서 구불거리는 뱀의 모양을 하고, 몸통의 가운데는 뱀주인자리에 붙잡혀 있답니다. 죽은 사람도 살려냈다는 전설의 의사 아스클레피오스에게 생명을 살리는 신비의 약초를 알려 준 뱀을 기려 만든 별자리이지요.

뱀자리의 꼬리 아래에는 방패자리가 있어요. 원래 이름은 '소비에스키의 방패자리'예요. 17세기 후반 헤벨리우스가 터키 군(투르크 족)을 무찔러 서구 문명을 지킨 폴란드의 왕 소비에스키(얀 3세)를 기리기 위해 만든 별자리랍니다.

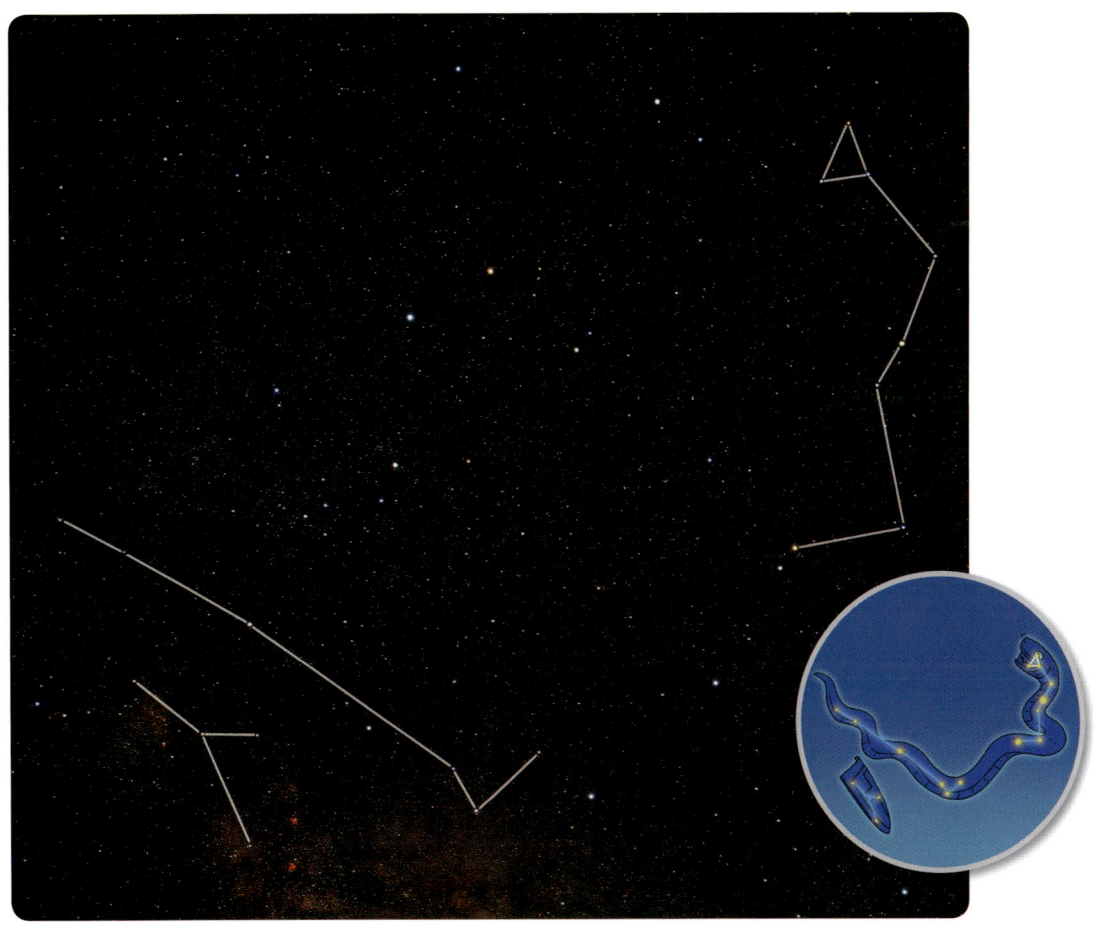

천칭자리(황도 12궁)

초여름 남쪽 하늘의 처녀자리와 전갈자리 사이에서 만날 수 있어요. 3등성보다 어두운 별들로 이루어져 있어 화려하지는 않지만, 옛날 농민들에게 씨 뿌리는 시기를 알려 주던 중요한 별자리였답니다.

천칭자리의 천칭은 정의의 여신인 아스트라이아가 인간의 선악을 재어 그 사람의 운명을 결정하는 데 사용했던 저울(천칭)로 알려져 있어요. 정의와 공평을 지키기 위해 애쓴 아스트라이아의 공로를 기리기 위한 별자리이지요. 과거에는 전갈자리의 집게발이었다가 기원전 1세기쯤 천칭자리로 독립했어요.

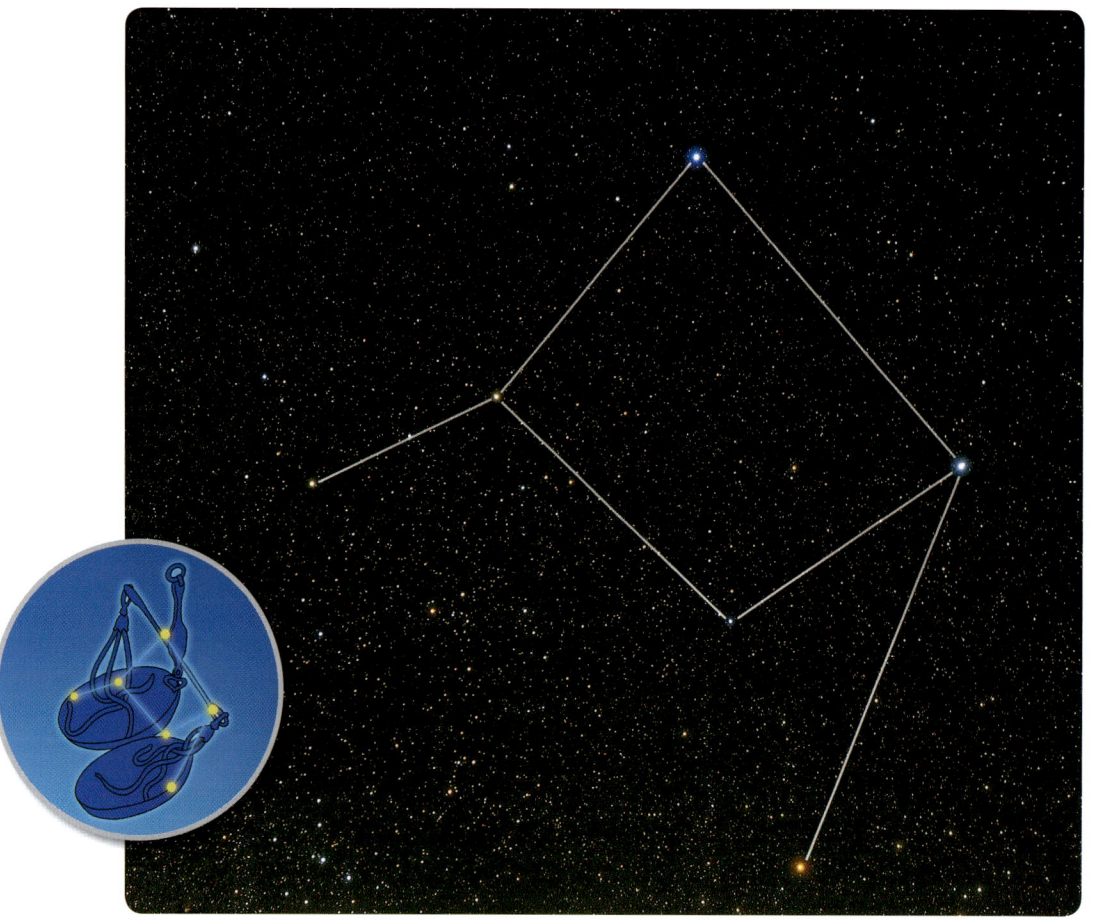

전갈자리(황도 12궁)

여름철 남쪽 지평선 부근에서 볼 수 있는 커다란 S자 모양의 별자리예요. 전갈의 심장부(S자 위쪽)에 있는 알파별 안타레스는 붉은색의 1등성이랍니다.

그리스 신화에 따르면 사냥꾼 오리온이 세상에서 자신보다 강한 자는 없다며 거만하게 자랑하고 다니자, 화가 난 헤라가 오리온을 죽이려고 전갈을 풀어 놓았다고 해요. 이 전갈이 하늘의 별자리가 됐답니다. 밤하늘에서도 전갈은 오리온을 계속 쫓고 있어요. 전갈자리가 동쪽에서 떠오르면 오리온자리가 서쪽으로 져 버리고, 전갈이 하늘을 가로질러 서쪽으로 쫓아가면 오리온은 동쪽에서 떠올라요.

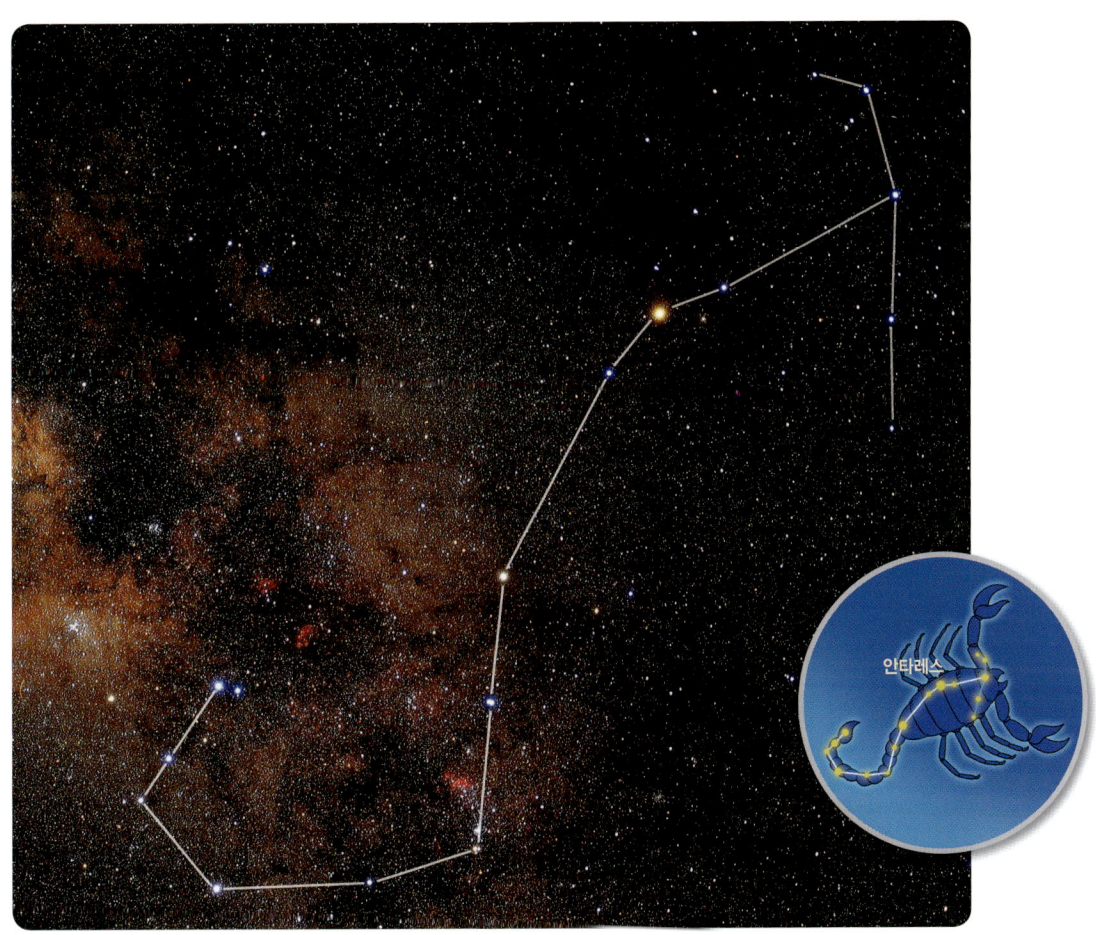

궁수자리(황도 12궁)

은하수 가운데에 자리한 별자리예요. 우리 은하의 중심부가 궁수자리 방향에 있거든요. 궁수자리는 상반신은 사람이고 하반신은 말인 센타우루스 족의 현자인 케이론이 활을 겨누고 있는 모습이랍니다. 활시위는 제우스의 명령에 따라 전갈의 심장에서 빨갛게 빛나는 안타레스를 겨누고 있다고 해요.

흥미롭게도 궁수자리에서 케이론이 활시위를 당기는 부분의 별들은 주전자 모양으로 모여 있어요. 또 주전자 손잡이 부분은 6개의 밝은 별이 국자 모양을 이루는데, 이를 큰곰자리의 북두칠성과 비교해 남두육성이라고 불러요.

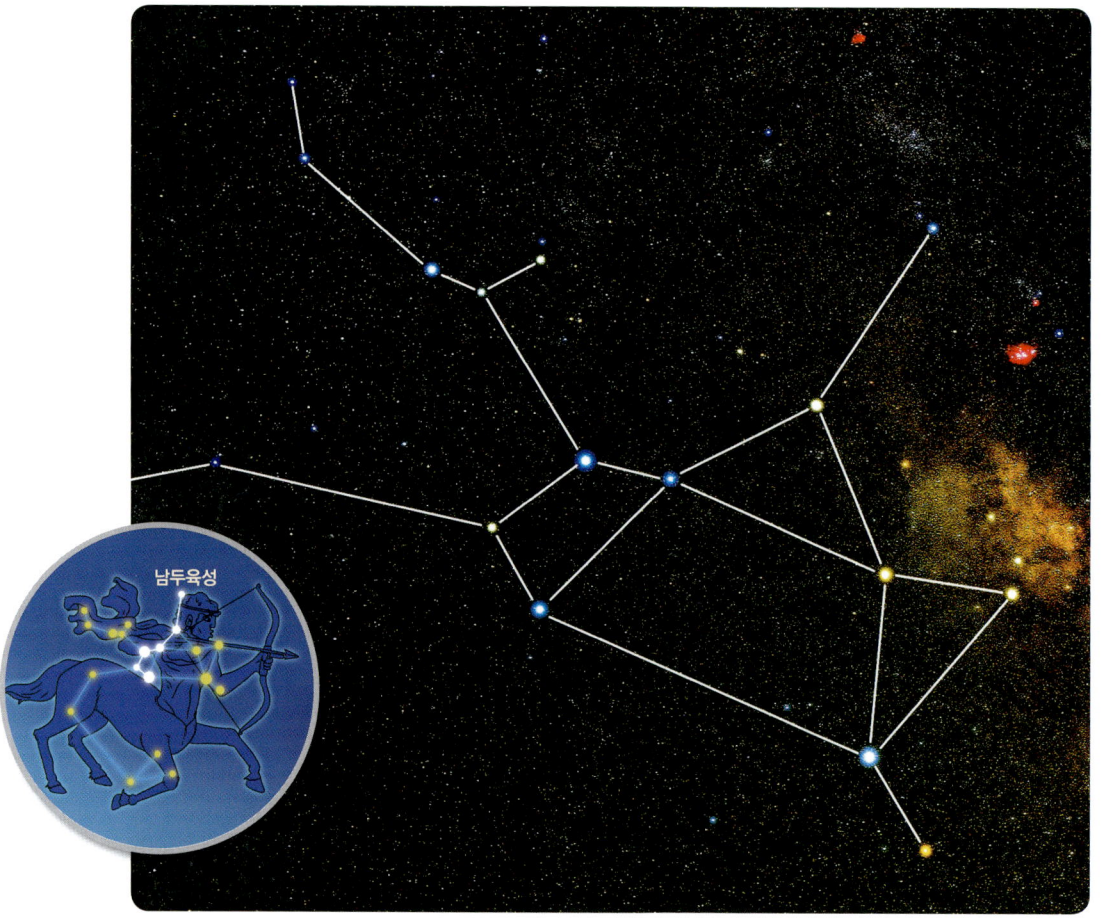

돌고래자리

　독수리자리의 동쪽에 있는 별자리로 알타이르를 길잡이 삼아 그 동북쪽에서 찾을 수 있어요. 4개의 별이 다이아몬드 모양의 작은 사각형을 이루는 부분이 돌고래의 몸통에 해당한답니다. 그리스 신화에 따르면 바다의 신 포세이돈이 님프 암피트리테에게 청혼을 했는데, 암피트리테는 청혼을 거절하고 도망쳐 숨었다고 해요. 포세이돈이 바다의 동물들에게 암피트리테가 있는 곳을 찾으라고 하자, 그중 돌고래가 암피트리테를 찾아내어 포세이돈에게 데려다 주었어요. 포세이돈은 감사의 표시로 돌고래를 별자리로 만들어 하늘에 올려 주었답니다.

맨눈으로 볼 수 있는 가장 밝은 별(1등성)을 ★로 나타냈어요! 별의 크기가 작을수록 더 어두운 별이에요.

10월 1일 21시(밤 9시)에 볼 수 있는 별자리

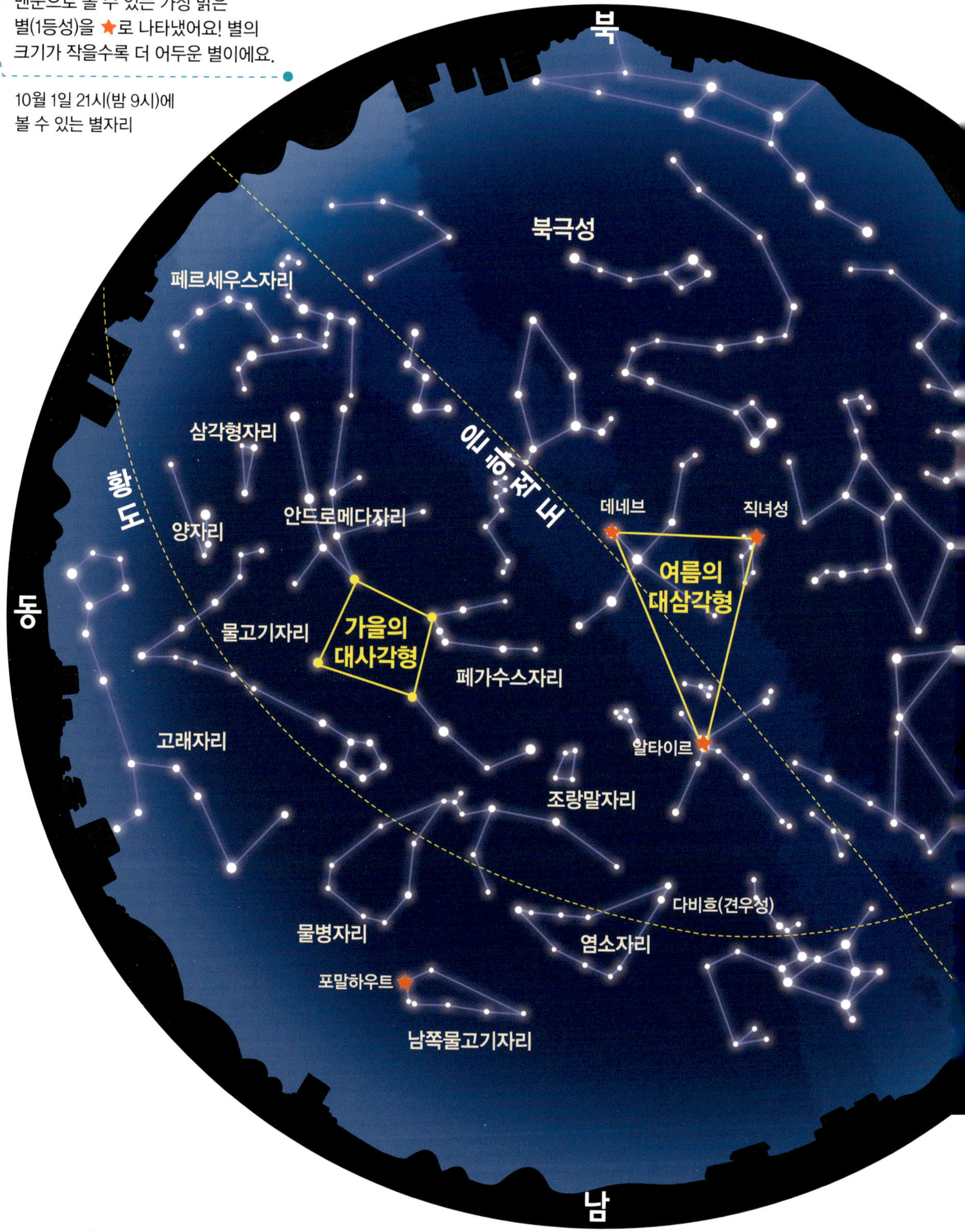

가을철 하늘의 별자리

가을 하늘은 맑은 날이면 깨끗하고 선명한 파란색을 띠고 있지요. 그래서 가을을 하늘이 높고 말이 살찐다는 뜻으로 천고마비의 계절이라고 해요. 가을 밤하늘에도 커다란 말이 달리고 있답니다. 바로 그리스 신화에 나오는, 날개 달린 천마인 페가수스가 그 주인공이지요.

페가수스자리는 가을 하늘 한가운데에서 커다란 사각형을 찾으면 만날 수 있어요. 이 사각형이 바로 하늘을 나는 천마인 페가수스의 몸통이지요. 이 사각형은 '가을의 대사각형'이라고 불려요.

가을의 대표 별자리는 페가수스자리와 안드로메다자리예요. 페가수스자리의 사각형에서 북동쪽으로 찌그러진 A자 모양이 뻗어 나가는 모습을 발견할 수 있는데, 이 A자 모양의 별자리가 바로 안드로메다자리랍니다.

가을에는 하늘이 높고 날씨가 맑지만, 아쉽게도 밤하늘에는 다른 계절에 비해 밝은 별이 많지 않답니다. 자세히 살펴보지 않는다면 페가수스자리, 안드로메다자리 같은 별자리를 찾기 어렵지요.

페가수스자리

 가을철 북쪽 하늘에서는 날개 달린 천마, 페가수스의 몸통에 해당하는 커다란 사각형을 찾을 수 있어요. '가을철 대사각형'이라고 불리는 이 사각형은 페가수스자리의 알파별, 베타별, 감마별 그리고 안드로메다자리의 알파별로 이루어져 있어요. 그리스 신화에 따르면 페가수스는 영웅 페르세우스에게 잘린 괴물 메두사의 목에서 흘러나온 피에서 탄생했어요. 바다의 신 포세이돈은 원래는 아름다운 처녀였던 메두사가 괴물로 변해 죽은 것을 슬퍼하며, 그녀의 피와 바다의 물거품으로 페가수스를 만들었다고 해요.

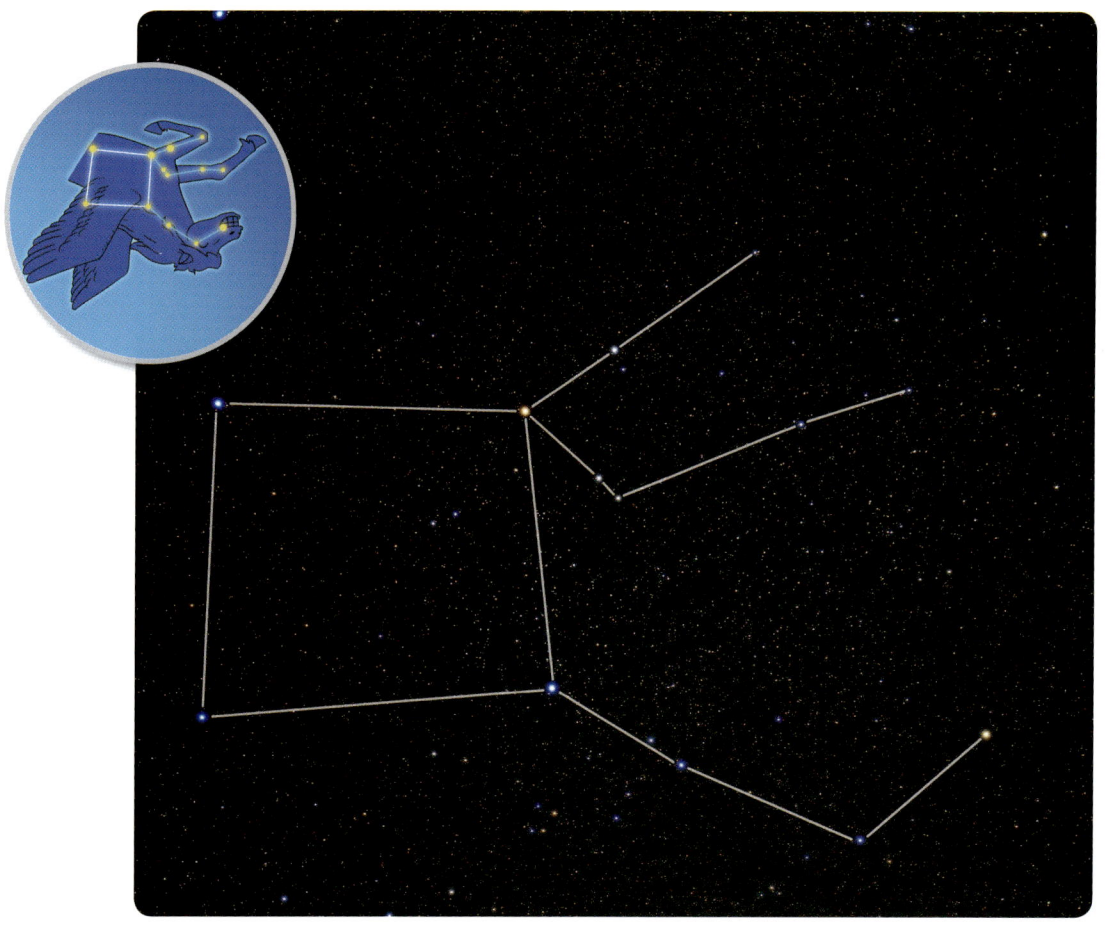

조랑말자리

전체 하늘에서 가장 작은 남십자자리에 이어 두 번째로 작은 별자리예요. 가을철 남쪽 하늘에서 페가수스자리의 서남쪽에 보이는데, 네 개의 별이 만드는 모양이 말의 머리와 비슷해요. 잘 알려져 있지 않지만 오래전부터 내려온 별자리예요.

별자리의 주인공에 대해서는 의견이 분분해요. 전령의 신 헤르메스가 쌍둥이자리의 형 카스토르에게 준 말 켈레리스(페가수스의 동생)라고도 하고, 헤라 여신이 쌍둥이자리의 동생 폴룩스에게 준 말 킬라루스라고도 해요. 또는 포세이돈이 아테나 여신과 싸울 때 삼지창으로 바위를 때려 튀어나오게 한 말이라고도 해요.

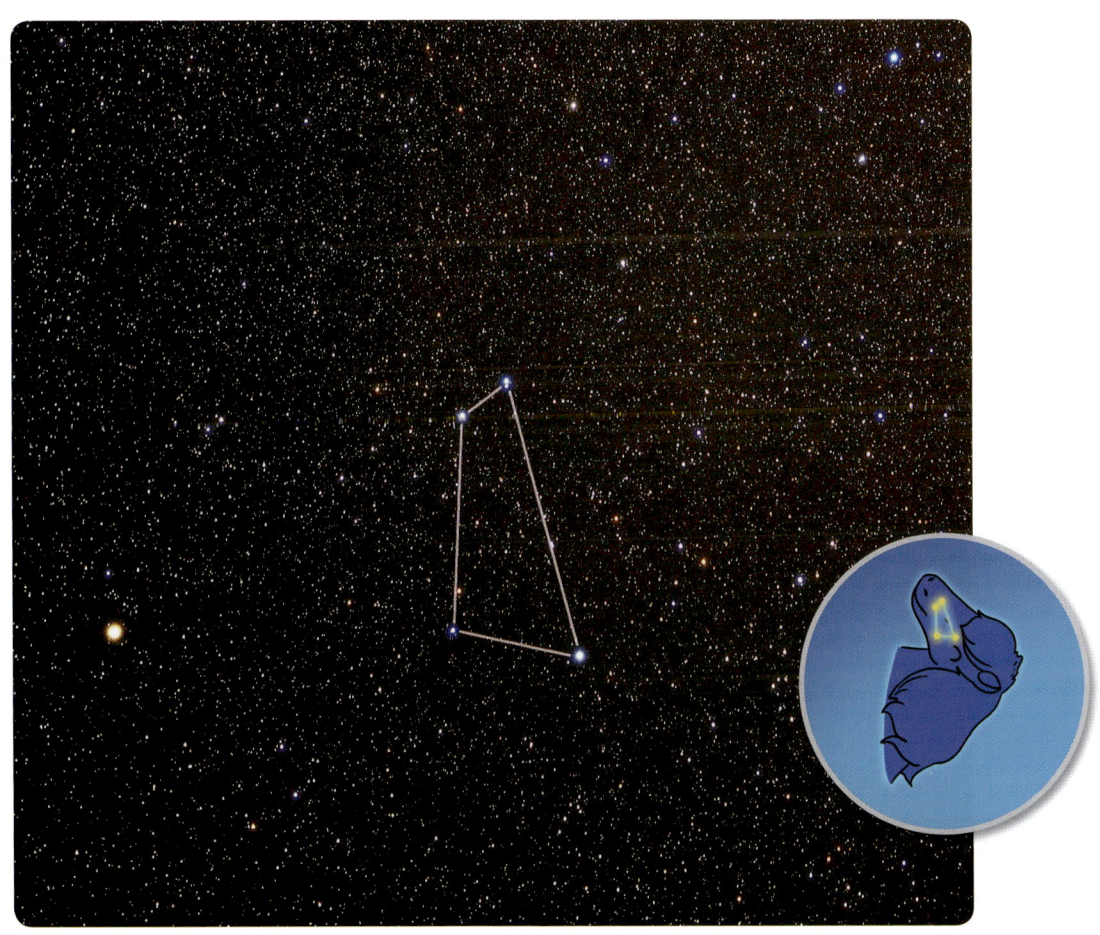

물병자리(황도 12궁)

가을철 남쪽 하늘에서 페가수스자리의 남서쪽에 보이는 별자리예요. Y자 형태가 물병 부분이고, 전체는 물병을 거꾸로 받쳐 들고 물을 따르는 모습이랍니다. 흘러내리는 물은 바로 아래쪽에 있는 남쪽물고기자리 주인공의 입으로 들어가지요.

농업 국가였던 고대 이집트와 바빌로니아에서는 물병자리를 넘치는 물의 상징으로 여겨 중요시했어요. 그리스 신화에 따르면 물병자리에서 물을 따르고 있는 주인공은 트로이의 미소년 가니메데라고 해요. 가니메데는 독수리로 변한 제우스에게 납치돼 올림푸스 산에서 신들에게 물과 술을 나르는 일을 하게 됐답니다.

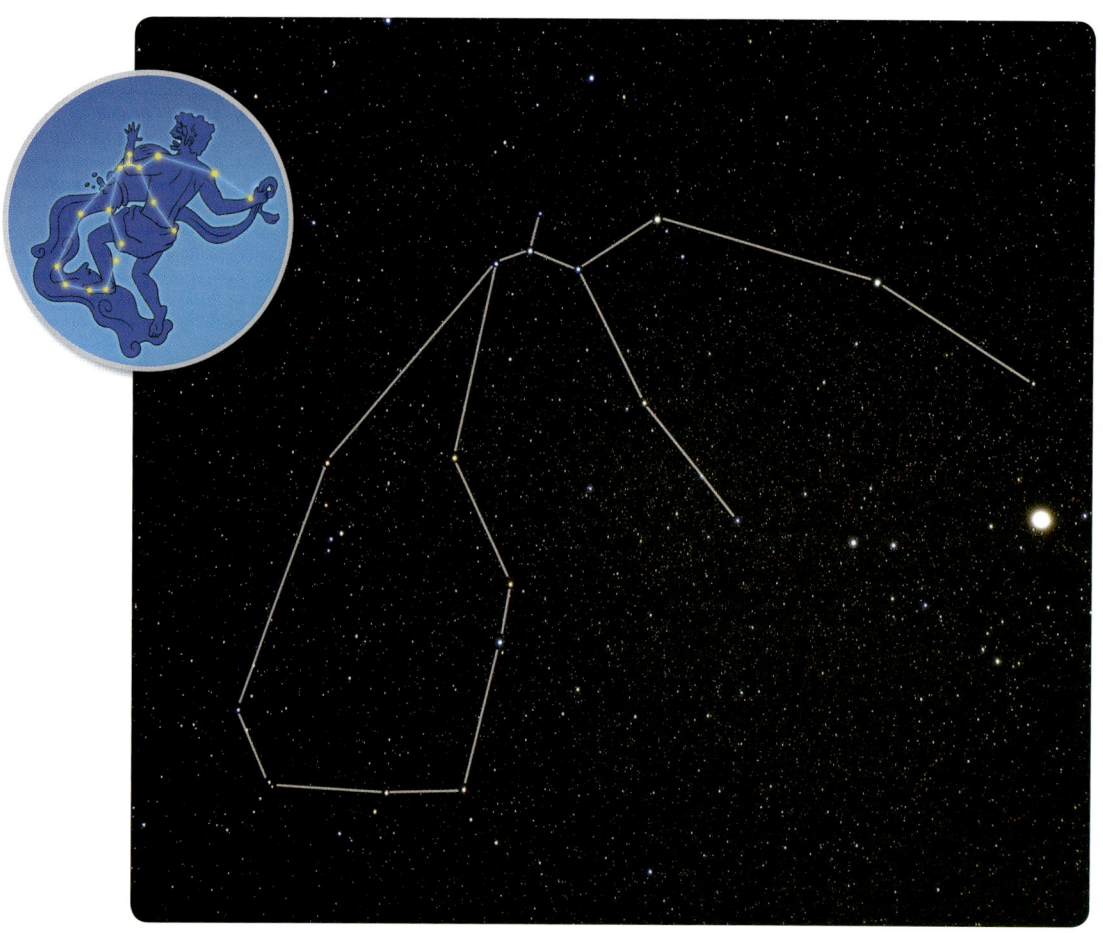

염소자리(황도 12궁)

가을철 남쪽 하늘에서 거꾸로 된 삼각형으로 보이는 별자리예요. 이 삼각형의 오른쪽 꼭짓점에는 염소의 뿔이, 왼쪽 꼭짓점에는 물고기의 꼬리가 자리해요. 왜 이렇게 우스운 모양을 하고 있을까요?

그리스 신화에 따르면 별자리의 주인공은 가축의 신인 판인데, 판이 신들의 잔치에서 흥겹게 놀고 있을 때 거대 괴물 티폰이 쳐들어왔다고 해요. 판은 염소로 변신해 도망치려 하다가 실수를 저질러 위는 염소, 아래는 물고기 꼬리를 한 이상한 모습이 됐답니다.

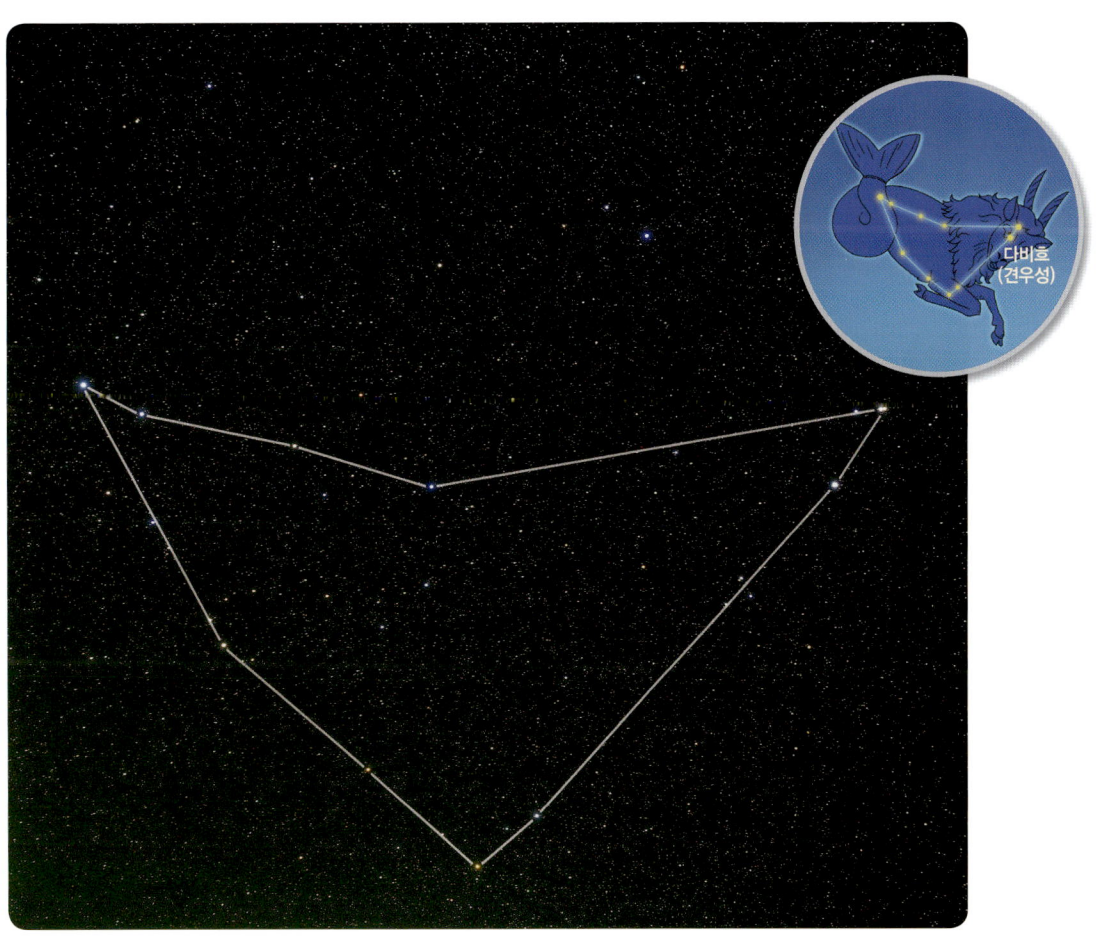

남쪽물고기자리

물병자리 남쪽에 위치하는 반원형의 작은 별자리로 가을철 남쪽 하늘에 낮게 보여요. 물고자자리보다 남쪽에 있어서 남쪽물고기자리라고 불리며, 1등성 포말하우트가 있어 특히 눈에 띄어요. 포말하우트는 '물고기 입'이라는 뜻이에요. 물병자리에서 쏟아진 물이 이 입으로 흘러들지요.

그리스 신화에 따르면, 올림푸스 산의 신들은 포악한 괴물 티폰이 공격할 때마다 동물로 변해 도망쳤다고 해요. 이때 사랑의 여신 아프로디테는 물고기로 변신했는데, 이 물고기를 딴 별자리가 바로 남쪽물고기자리라고 전해져요.

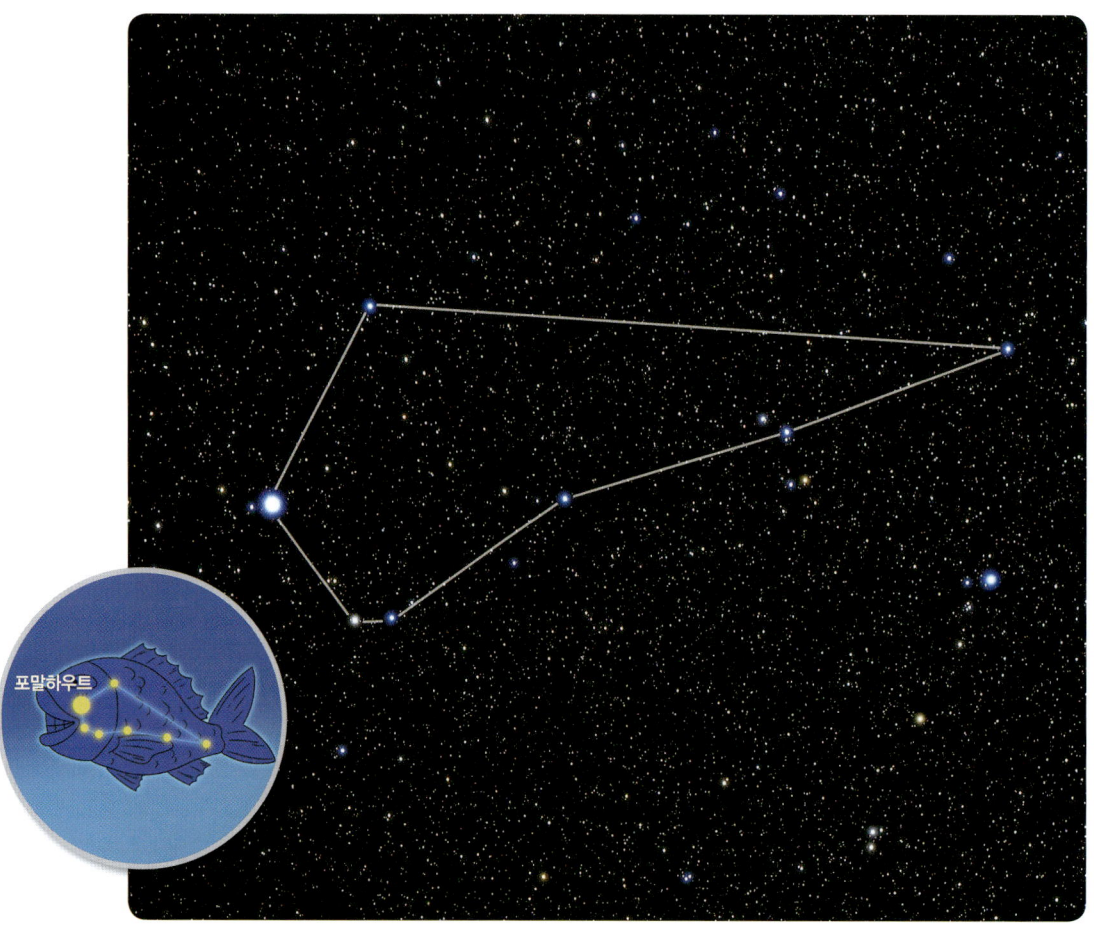

52

안드로메다자리

가을철 초저녁 동쪽 하늘에 보이는 별자리예요. 알파별이 페가수스자리의 3개 별과 사각형을 이루고 있어서, 안드로메다자리는 페가수스자리 사각형에서 A자 형태로 뻗어 나와요. 베타별 북쪽에는 맨눈에도 희미하게 안드로메다은하가 보여요. 지구에서 빛의 속도로 약 250만 년이나 걸리는 거리에 있는 외부 은하이지요.

신화에 따르면 안드로메다는 카시오페이아와 세페우스 사이에서 태어난 에티오피아의 공주예요. 괴물 고래에게 제물로 바쳐졌으나, 페르세우스에게 구출돼 그와 결혼했어요. 그래서 밤하늘에서도 안드로메다는 남편 페르세우스 곁에 있지요.

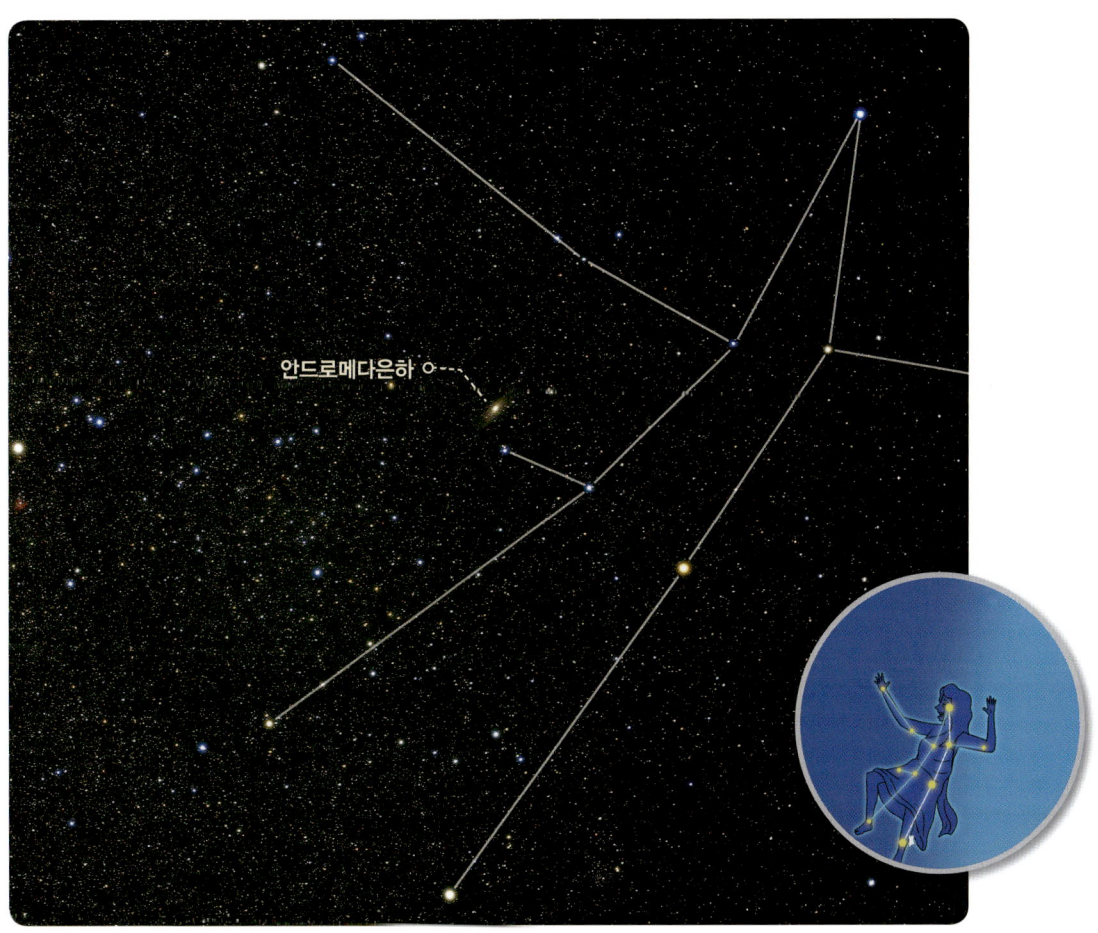

물고기자리(황도 12궁)

　가을철 남쪽 하늘에 커다란 V자를 그리고 있는 별자리예요. V자의 오른쪽이 좀 더 길게 뻗어 있어요. 별자리는 큰 편이지만, 전체적으로 어두워 찾기가 어려워요. 하나의 끈에 물고기 두 마리가 묶인 모습이지요.

　그리스 신화에 따르면 두 물고기는 미의 여신 아프로디테와 아들 에로스(사랑의 신)가 변신한 것이라고 해요. 어느 날, 아프로디테와 에로스가 유프라테스 강가에서 산책하고 있을 때 괴물 티폰이 나타났어요. 두 신은 깜짝 놀라 물고기로 변신해 강물로 뛰어들었지요. 후에 이 모습이 물고기자리가 됐답니다.

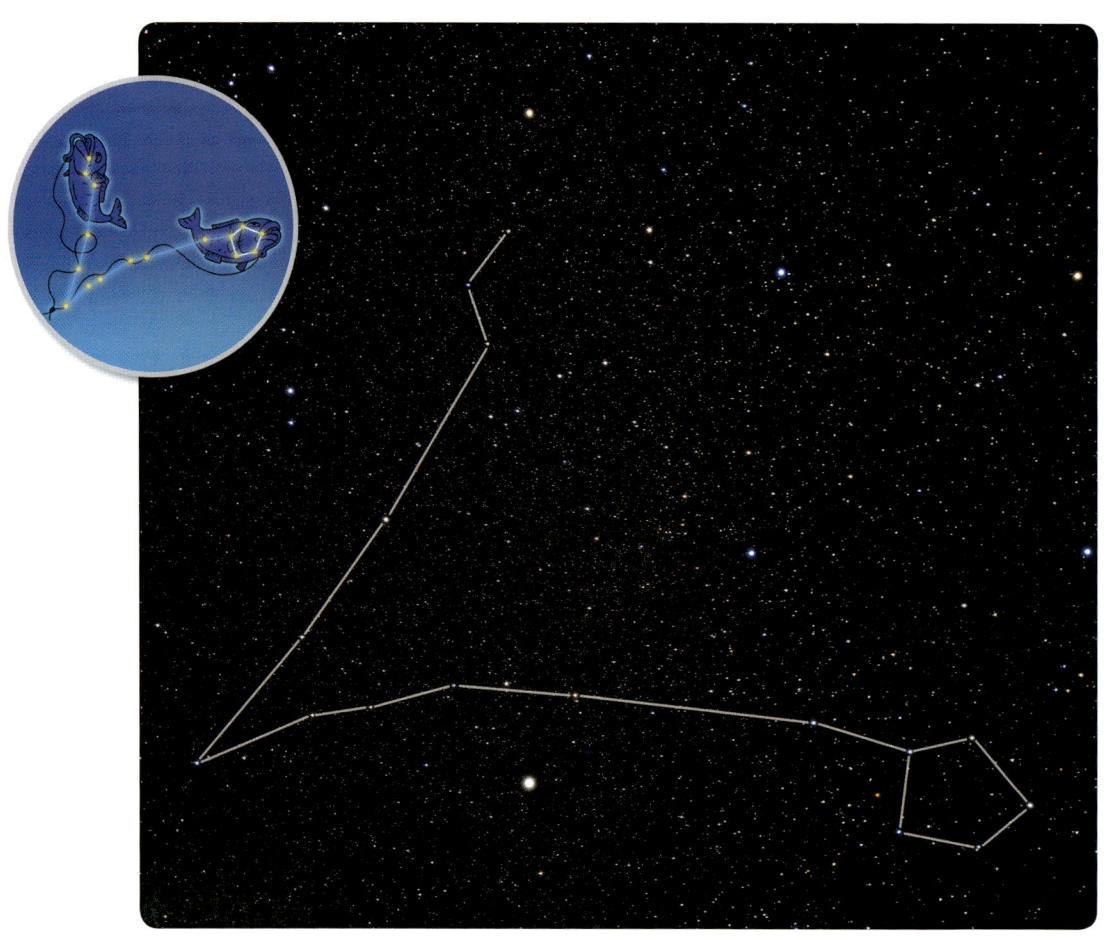

고래자리

물고기자리 남쪽에 동서로 길게 펼쳐져 있는 커다란 별자리이지만, 밝은 별이 없어요. 남동쪽 하늘에서 페가수스자리 사각형의 동쪽 변을 남쪽으로 이으면 지평선 위에서 고래의 꼬리에 해당하는 2등성 베타별을 만날 수 있지요.

이 별자리의 주인공은 바다의 신인 포세이돈이 에티오피아의 왕비 카시오페이아에게 벌을 주기 위해 보낸 괴물 고래예요. 결국 그녀의 딸 안드로메다가 이 괴물 고래에게 제물로 바쳐지지만, 페르세우스가 메두사의 머리를 들고 나타나 괴물 고래를 돌로 변하게 만든답니다.

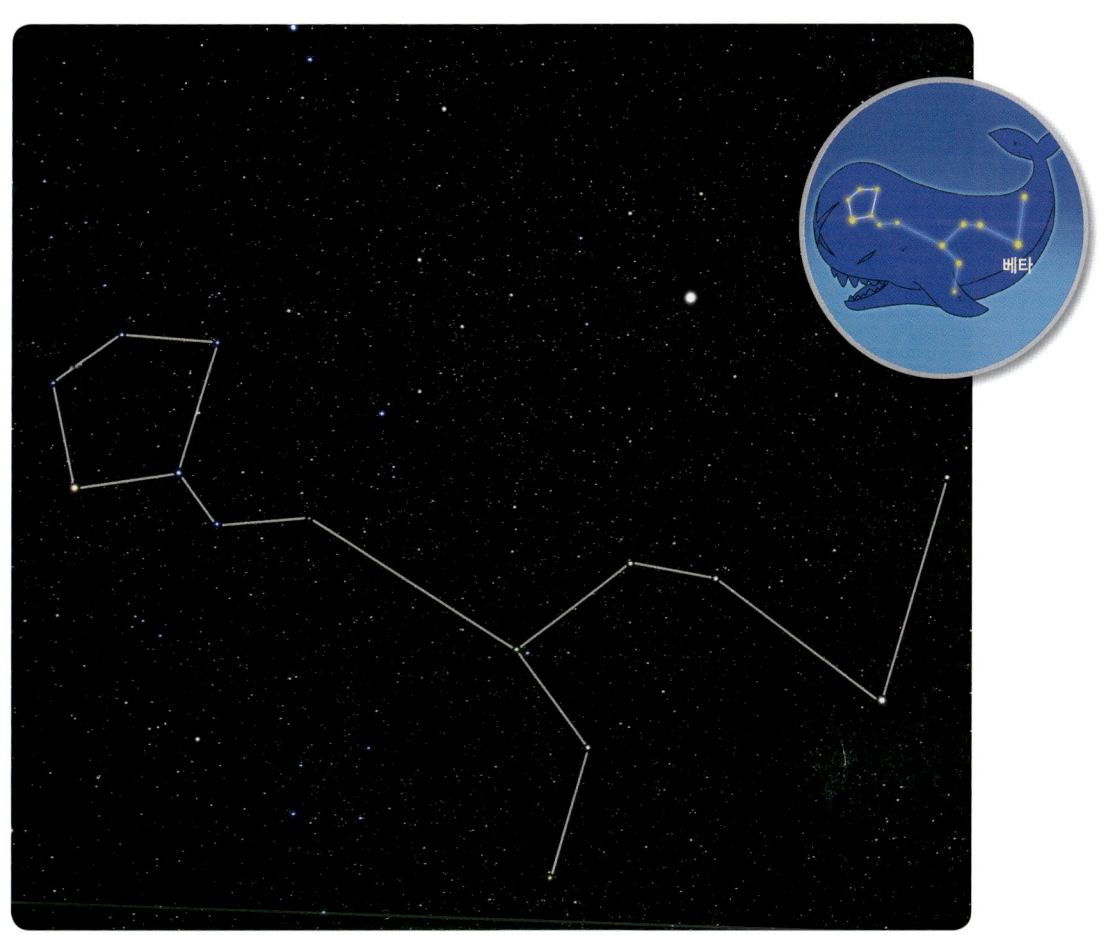

양자리(황도 12궁)와 삼각형자리

　　양자리는 물고기자리, 페르세우스자리 등에 둘러싸여 있어요. 신화에 따르면 이 별자리의 주인공은 전령의 신 헤르메스가 프릭소스와 헬레 남매를 계모의 품에서 탈출시키기 위해 만든 숫양이랍니다. 황금 가죽으로 덮인 이 숫양은 남매를 탈출시킨 공로로 제우스에 의해 하늘의 별자리가 됐다고 해요.

　　양자리 바로 옆에는 삼각형자리가 있지요. 삼각형을 닮은 모양이 그대로 이름이 된 이 별자리는 기원전 400년쯤부터 있어 왔지만, 전해지는 신화는 없답니다. 그리스에서는 그리스 문자인 델타(Δ)를 닮아 델타자리라고도 불렀어요.

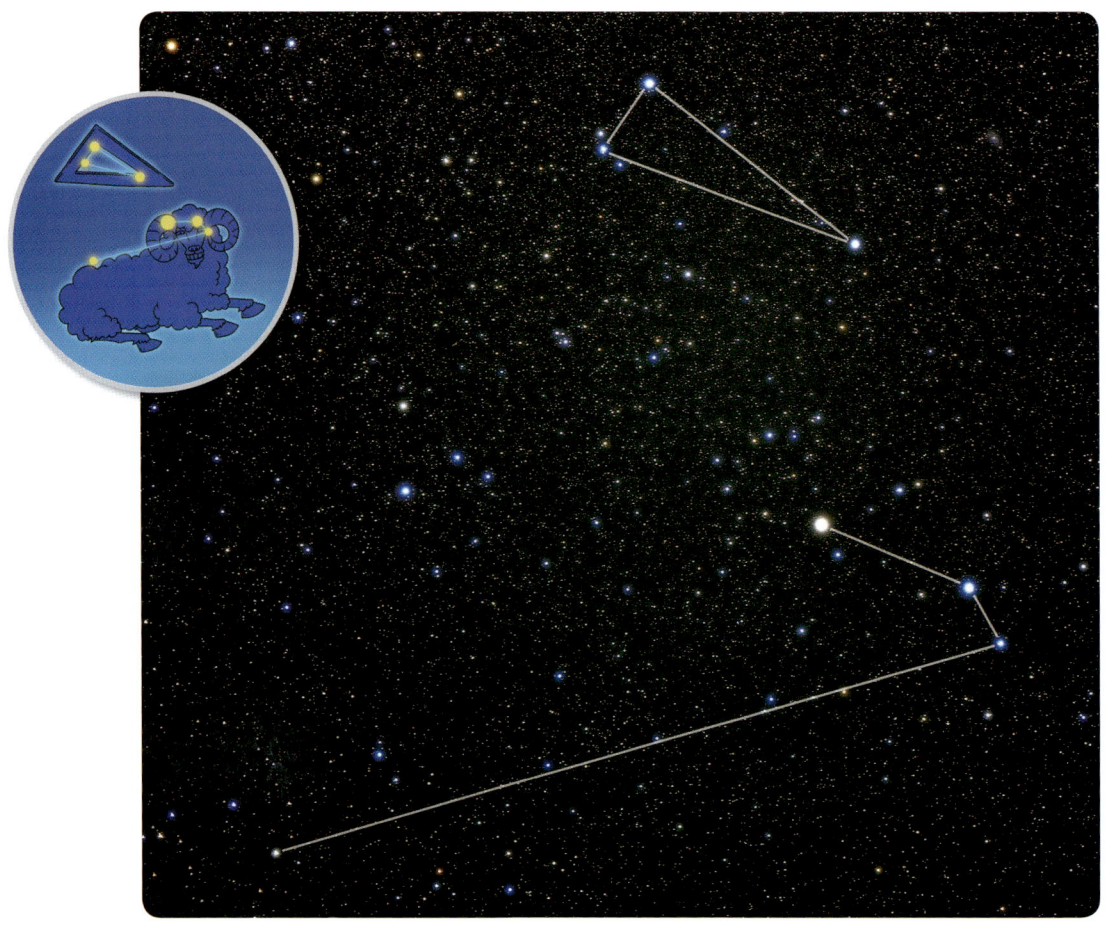

페르세우스자리

카시오페이아자리가 떠오른 뒤 바로 동쪽 하늘에 나타나는 별자리예요. 북쪽의 알파별을 중심으로 북극성을 향해 길게 둥근 호를 그리고 있는데, 이것을 '페르세우스의 호'라고 해요. 별자리의 주인공은 그리스 신화의 영웅 페르세우스예요. 페르세우스가 괴물 메두사의 머리를 들고 칼을 치켜든 모습이랍니다.

제우스의 아들인 페르세우스는 메두사를 물리친 뒤 괴물 고래로부터 에티오피아의 공주 안드로메다를 구출해 그녀와 부부가 됐지요. 페르세우스가 죽은 뒤 아테나 여신은 그를 안드로메다와 함께 하늘의 별자리로 만들어 주었답니다.

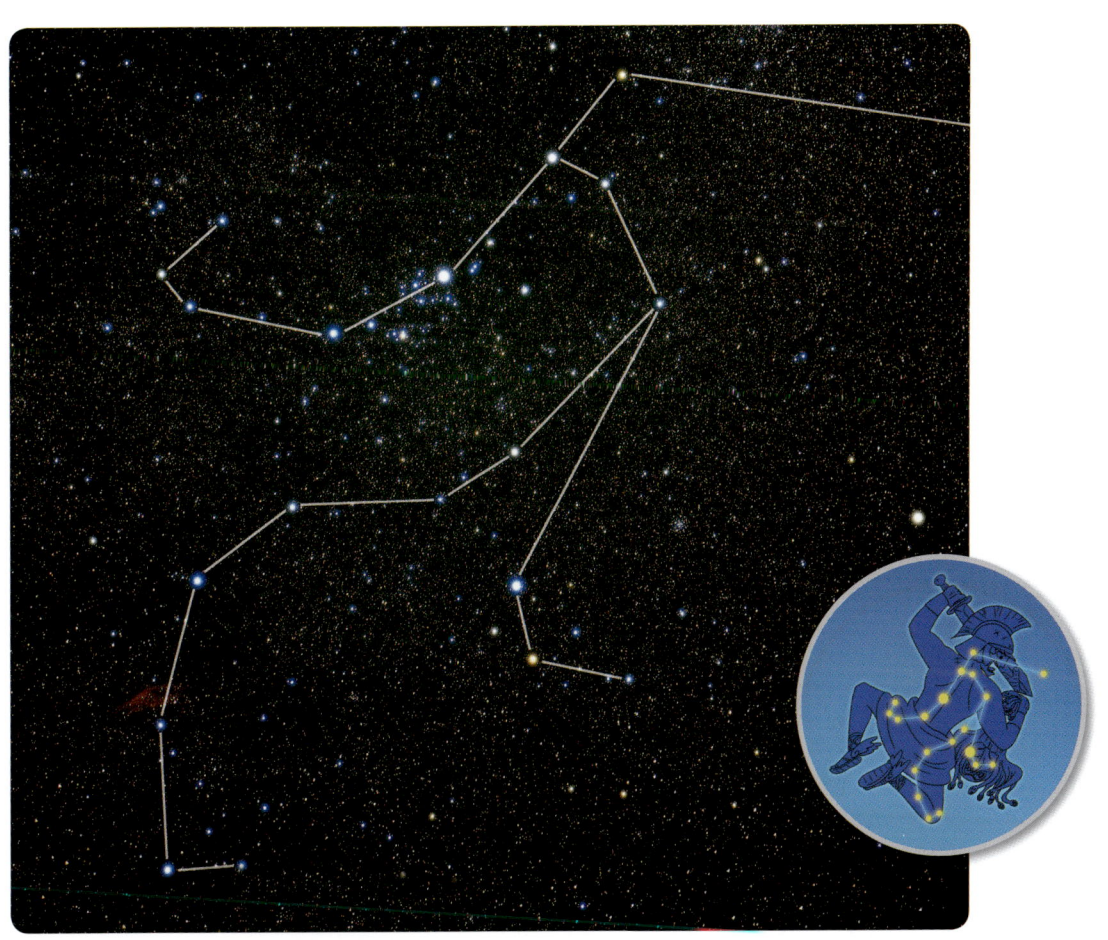

별자리 이야기 57

맨눈으로 볼 수 있는 가장 밝은 별(1등성)을 ★로 나타냈어요! 별의 크기가 작을수록 더 어두운 별이에요.

1월 1일 21시(밤 9시)에 볼 수 있는 별자리

겨울철 하늘의 별자리

겨울의 대표 별자리는 오리온자리랍니다. 오리온자리의 별 중에서는 두 별이 유난히 밝은데, 둘 중에서 붉은 별이 베텔게우스이고, 파란 별이 리겔이에요. 그리고 오리온자리 남동쪽에서는 베텔게우스나 리겔보다 밝은 별을 발견할 수 있어요. 이 별이 바로 큰개자리의 시리우스랍니다. 우리가 맨눈으로 하늘에서 볼 수 있는 가장 밝은 별이지요. 시리우스, 베텔게우스와 삼각형을 이루는 위치에서 또 하나의 밝은 별을 찾을 수 있어요. 바로 작은개자리의 프로키온이에요. 시리우스, 베텔게우스, 프로키온이 '겨울의 대삼각형'을 이루지요.

오리온자리 북서쪽에서는 커다란 V자 모양을 만날 수 있어요. 바로 오리온을 들이받으려고 달려드는 황소의 뿔 달린 머리랍니다. 황소자리의 V자에서 유난히 밝은 별이 알데바란이에요.

또 알데바란, 리겔, 시리우스, 프로키온과 함께 커다란 육각형을 이루는 위치에서 밝게 빛나는 두 별을 찾을 수 있어요. 오각형을 이루는 마차부자리의 카펠라, 쌍둥이 형제가 어깨동무한 쌍둥이자리의 폴룩스랍니다. 이렇게 6개의 밝은 별이 '겨울의 대육각형'을 만들지요. 겨울철 밤하늘에는 다른 계절에 비해 밝은 별이 무척 많아요.

오리온자리

겨울철 남쪽 하늘에 보이는 찌그러진 커다란 H자 모양은 사냥꾼 오리온의 몸통이에요. H자의 네 귀퉁이에 있는 별 중에서는 붉은 별 베텔게우스와 파란 별 리겔이 유난히 밝아요. 중간에 나란히 빛나는 별 세 개는 오리온의 허리띠랍니다.

그리스 신화에 따르면, 포세이돈의 아들 오리온은 달의 여신 아르테미스와 사랑에 빠졌어요. 하지만 이를 못마땅하게 여긴 그녀의 오빠 아폴론은 아르테미스를 속여 그녀가 쏜 화살에 오리온을 죽게 했지요. 제우스는 슬픔에 빠진 아르테미스를 위해 오리온을 별자리로 만들어 주었답니다.

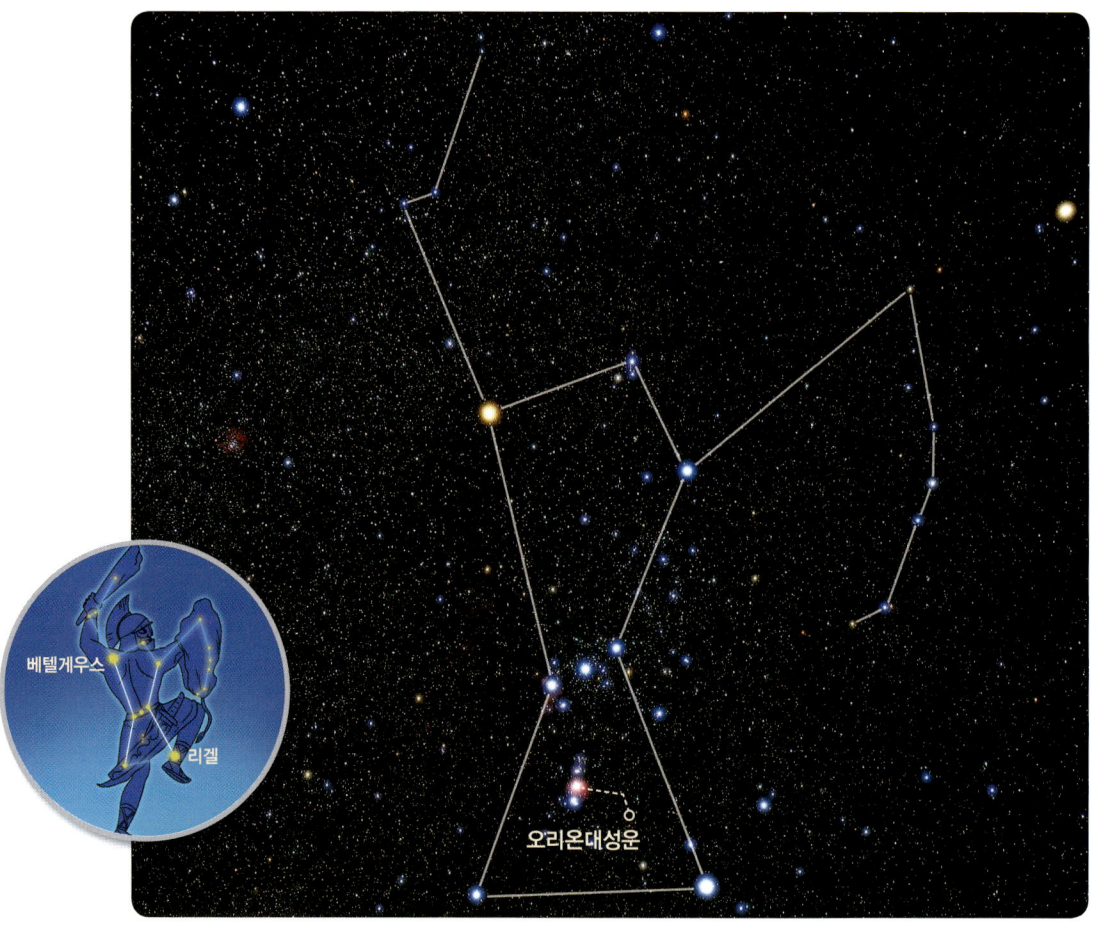

큰개자리

겨울철 오리온자리의 남쪽에 보여 오리온의 사냥개로 알려진 별자리예요. 하늘 전체에서 가장 밝은 별인 시리우스가 있어요. 한국과 중국에서는 시리우스를 먹이를 바라보는 늑대의 눈빛 같다고 해서 '천랑성'이라고 불렀어요. 고대 이집트에서는 시리우스가 떠오르는 것을 보고 나일 강의 물이 불어나는 시기를 알았어요.

별자리 형태는 시리우스를 입으로 한 삼각형의 머리 부분에 북처럼 생긴 몸통이 있고, 꼬리와 네 다리가 금방이라도 달려 나갈 것 같은 모습으로 늘어서 있어요. 커다란 개의 모습을 떠올리는 것이 그리 어렵지 않지요.

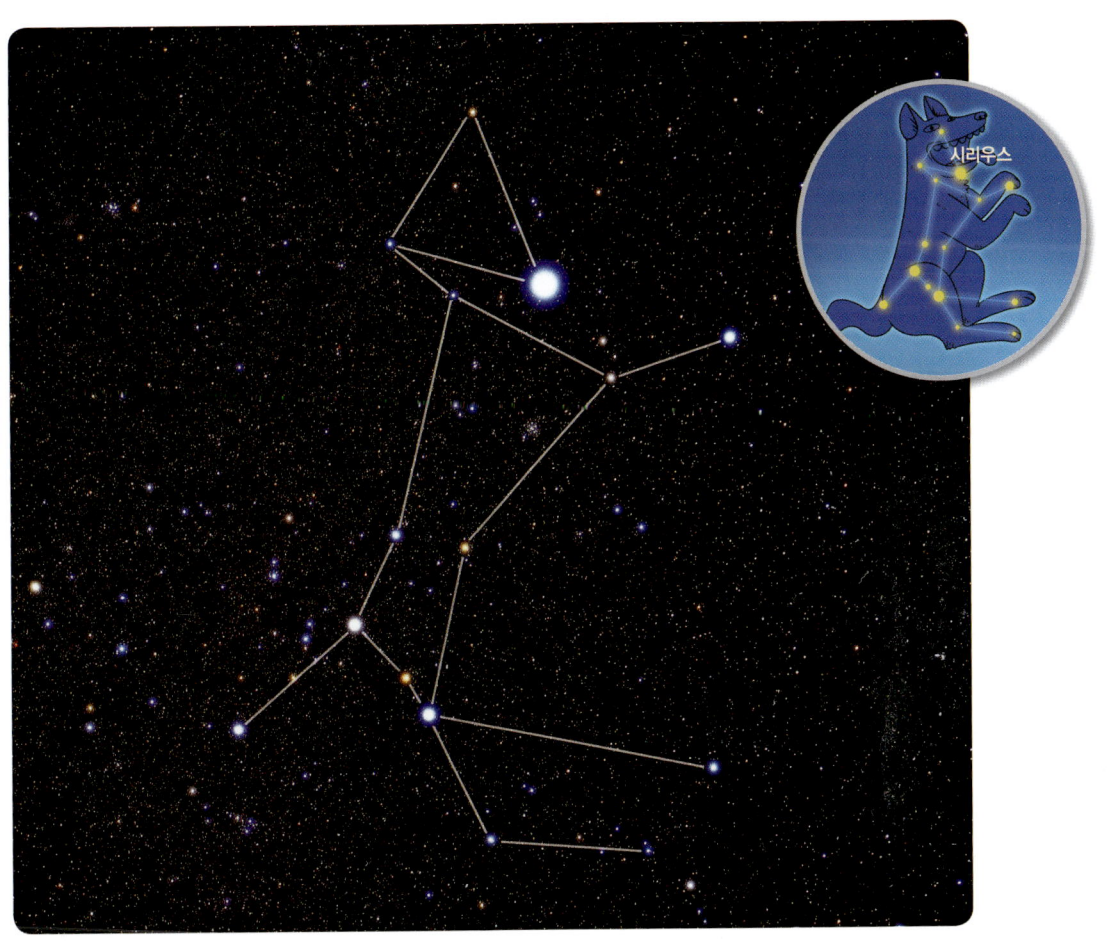

작은개자리

큰개자리와 함께 오리온의 또 다른 사냥개로 알려져 있는 별자리랍니다. 프로키온과 고메이사라는 두 개의 별이 주요한 별이지요. 알파별 프로키온은 '개보다 앞선다'란 뜻이에요. 개의 별인 시리우스가 떠오르기 바로 전에 프로키온이 뜨기 때문이지요. 북반구의 중위도 지역에서는 프로키온이 시리우스보다 10분쯤 먼저 뜬다고 해요. 작은개자리의 주인공으로 다른 개가 전해지기도 해요. 살해된 주인의 시체를 찾아내어 주인의 딸에게 알려 준 충견 '마에라'라고도 하고, 자기 주인인 사냥꾼 악타이온을 물어 죽인 맹견 '메란포스'라고도 하지요.

쌍둥이자리(황도 12궁)

　겨울철 밤하늘의 한가운데에서 볼 수 있는 별자리예요. 별자리 전체는 쌍둥이 형제가 다정하게 어깨동무를 하고 있는 모습이랍니다. 형은 2등성인 카스토르이고, 아우는 1등성인 폴룩스라고 해요. 원래는 형 별인 카스토르가 더 밝았지만 지금은 아우 별인 폴룩스가 더 밝아졌어요.

　신화에 따르면 쌍둥이인 카스토르와 폴룩스는 제우스와 스파르타의 왕비 레다 사이에서 태어났어요. 쌍둥이 형제는 죽을 때까지도 우애가 깊었는데, 제우스가 형제의 우애에 감동해 두 개의 밝은 별로 만들어 주었답니다.

별자리 이야기 63

마차부자리

　겨울철 초저녁 머리 꼭대기에 보이는 오각형의 별자리예요. 북두칠성에서 국자 그릇 방향으로 가다 보면, 알파별 카펠라를 만날 수 있고 그 주위로 일그러진 오각형으로 놓인 별들을 발견할 수 있어요. 사실 오각형을 이룬 별들 중에서 제일 남쪽에 있는 2등성은 옆에 있는 황소자리의 별이에요.

　마차부자리의 주인공은 지혜의 여신 아테나의 아들로, 도시국가 아테네의 네 번째 왕에 올랐던 에릭토니우스랍니다. 절름발이였던 에릭토니우스는 자기 다리의 불편함을 덜기 위해 말 네 마리가 끄는 마차를 발명했다고 해요.

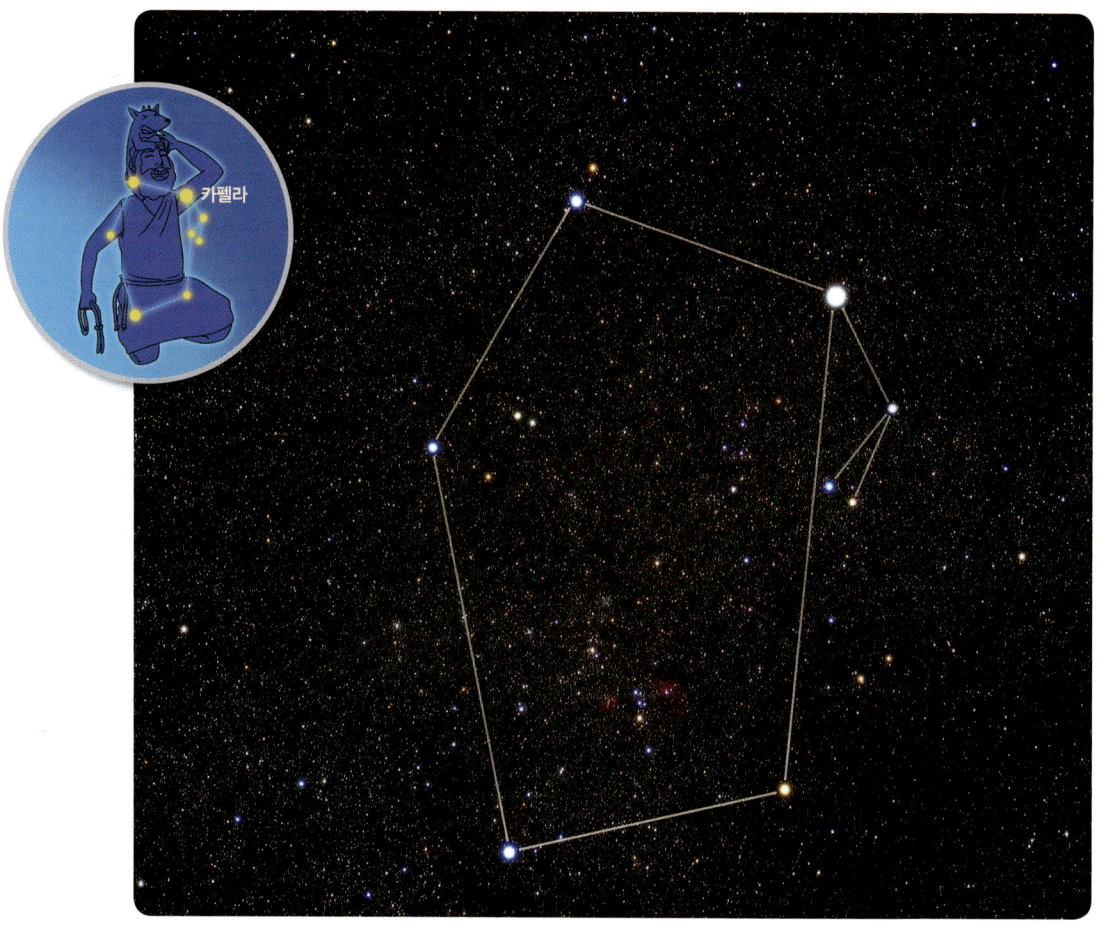

황소자리(황도 12궁)

오리온자리 북서쪽에서는 커다란 V자 모양을 만날 수 있어요. 바로 오리온을 들이받으려고 달려드는 황소의 뿔 달린 머리랍니다. 신화에 따르면 이 황소는 제우스가 페니키아의 공주 에우로파를 유혹하기 위해 변신한 것이라고 해요.

황소자리의 V자에서 유난히 밝은 별이 알데바란이에요. 알데바란 근처에는 히아데스라는 이름의 성단(수십에서 수백 개 별들의 집단)이 있고, 황소 어깨에는 플레이아데스라는 이름의 성단이 있어요. 우리나라에서는 플레이아데스성단을 좀생이별이라고 불러요. 두 성단은 맨눈으로도 쉽게 찾을 수 있답니다.

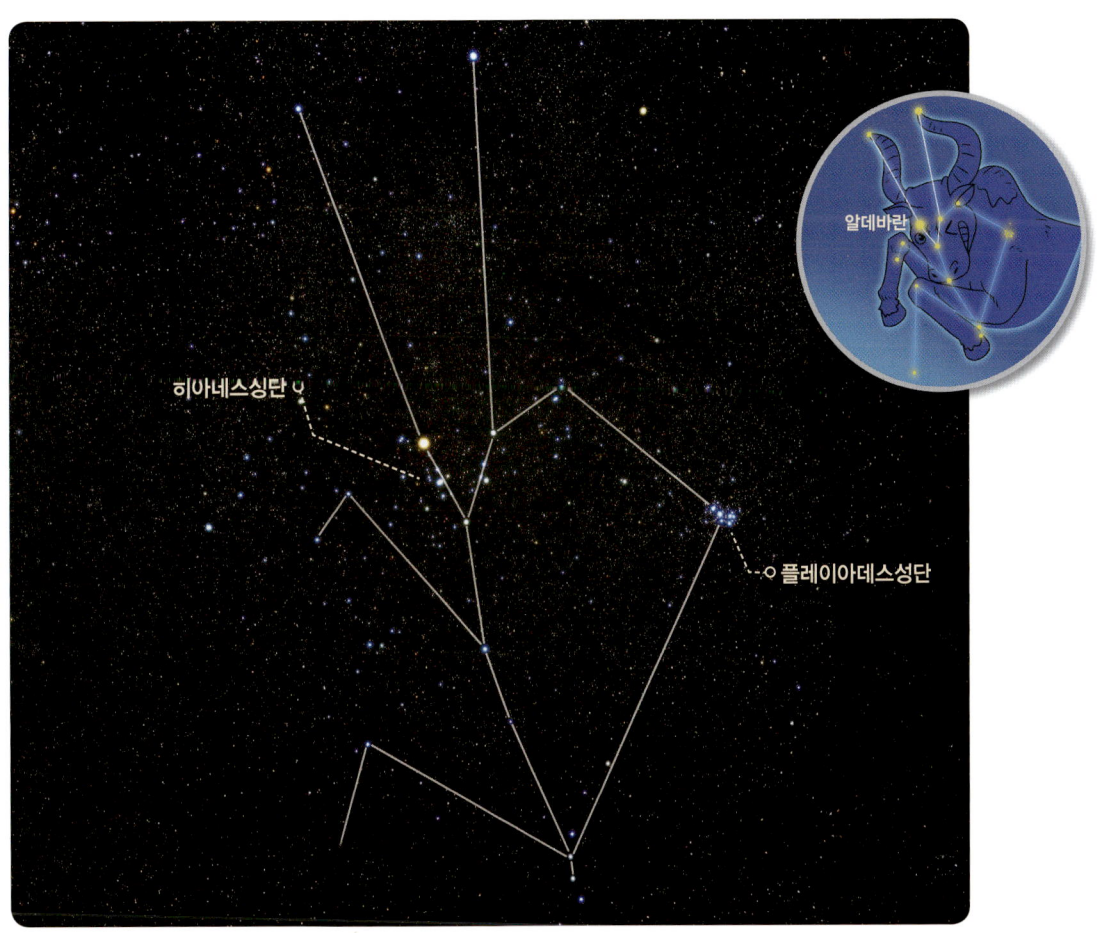

외뿔소자리

작은개자리, 쌍둥이자리, 오리온자리, 큰개자리에 둘러싸여 있는 별자리예요. 외뿔소자리는 오리온자리의 베텔게우스, 큰개자리의 시리우스, 작은개자리의 프로키온을 이은 '겨울의 대삼각형'의 중앙에 위치한답니다. 밝은 별이 적어 눈에 잘 띄지는 않지만 은하수가 한가운데를 가로지르고 있어요.

1624년 독일의 천문학자 야콥 바르트쉬가 희미한 별들을 모아 외뿔소자리를 만들었어요. 전설에 따르면 외뿔소는 실제 존재하는 동물이 아닌 유니콘으로, 몸통이 말을 닮았고 꼬리는 영양의 꼬리와 비슷하며 이마에 하나의 뿔이 있다고 해요.

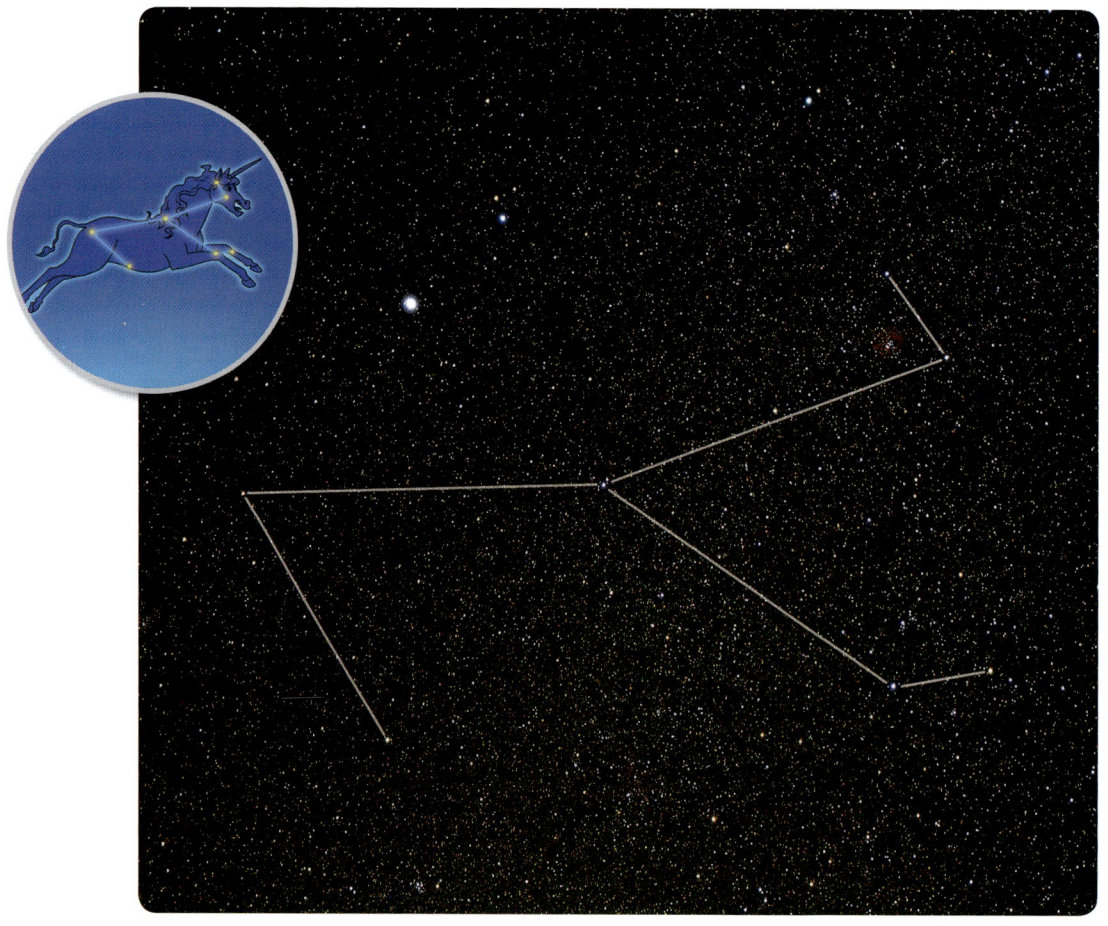

게자리(황도 12궁)

2세기경 그리스의 천문학자 프톨레마이오스가 쓴 《알마게스트》에 기록된 48개 별자리 중 하나예요. 겨울부터 봄 사이의 초저녁에 쌍둥이자리와 사자자리 사이에서 볼 수 있어요. 게자리의 중앙, 즉 게의 등판에 해당되는 부분에는 프레세페라는 이름의 성단이 있답니다. 맨눈으로는 뿌옇게 퍼져 있는 얼룩처럼 보이지요.

그리스 신화에 따르면, 헤라클레스가 히드라와 싸울 때 헤라 여신이 헤라클레스를 죽이려고 게를 보냈다고 해요. 게는 헤라클레스의 발을 무는 데는 성공했지만, 곧 밟혀 죽었답니다. 이를 불쌍히 여긴 헤라 여신이 별자리로 만들어 주었다고 해요.

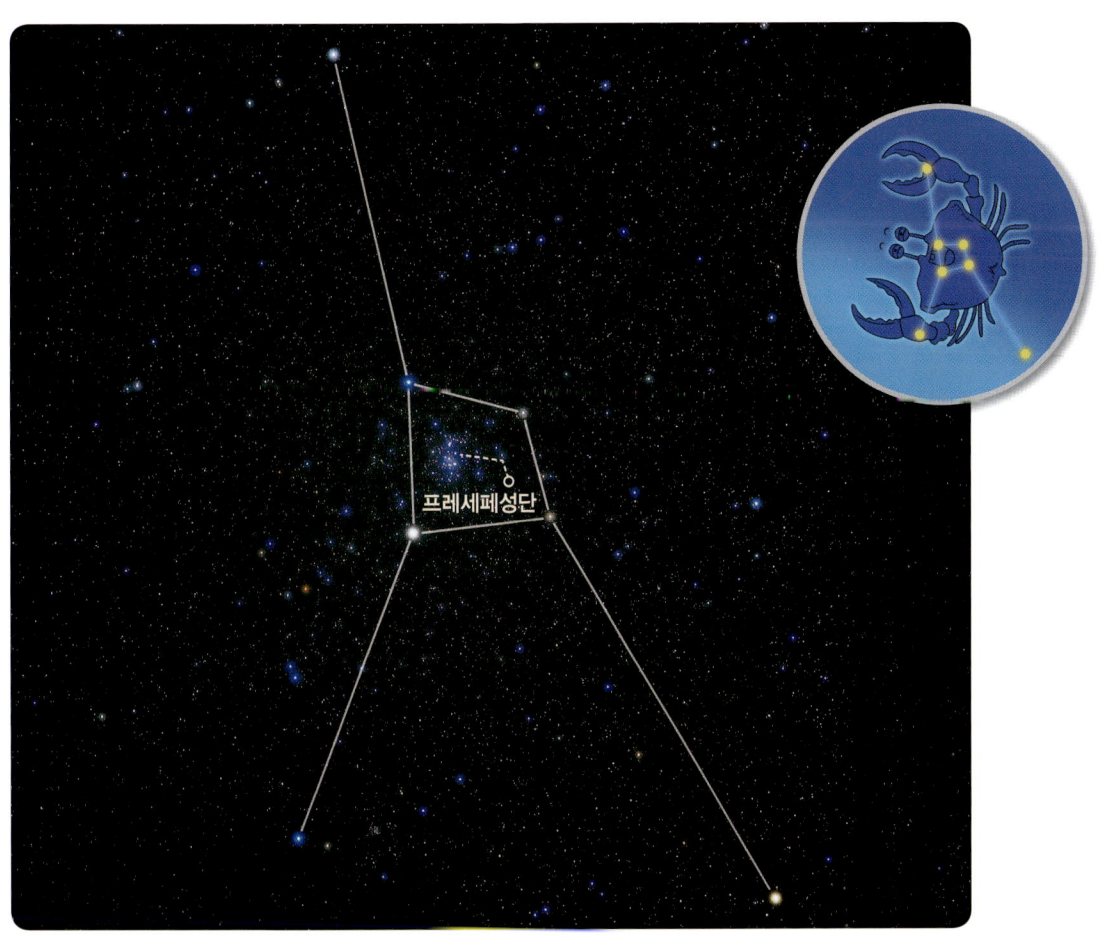

하룻밤에 사계절 별자리를 모두 볼 수 있다고요?

한 계절의 별자리는 그 계절의 초저녁 동쪽 하늘에서 잘 볼 수 있는 별자리를 말해요. 그렇다고 그 계절이 아니라고 해서 안 보이는 건 아니에요. 하지만 초저녁 서쪽 하늘에 있는 별자리를 그 계절의 별자리라고 하지는 않아요. 왜 그럴까요? 별들은 시간에 따라 동쪽에서 서쪽으로 이동하는데, 6시간이 지나면 밤하늘의 반을 이동해요. 서쪽 하늘에 있던 별자리는 6시간쯤 지나면 서쪽 지평선 너머로 사라져 더 이상 볼 수 없지요. 하지만 초저녁 동쪽 하늘에 떠 있던 별자리는 자정 무렵에 남쪽 하늘로 이동했다가 새벽녘에 서쪽 하늘로 옮겨 가요. 다시 말해 그 계절의 별자리는 밤새 관찰할 수 있는 것이지요.

그런데 하룻밤을 새다 보면 각 계절별 별자리에 뜨는 순서가 정해져 있다는 사실을 알 수 있어요.

만약 지금 동쪽 하늘에 봄철 별자리가 자리 잡고 있다면 이 별자리는 몇 시간 전에 동쪽 지평선 위로 떠오른 거예요. 봄철 별자리가 다 뜨고 나면 어떤 별자리가 동쪽 지평선 위로 뜰까요? 여름철 별자리랍니다. 여름철 별자리가 다 뜨고 나면 가을철 별자리가 뜨고, 그 뒤로 겨울철 별자리가 뜨지요. 이렇게 계절별 별자리는 봄, 여름, 가을, 겨울 별자리 순서로 동쪽 하늘에 뜬답니다.

황도 12궁은 하늘(천구)에서 1년간 태양이 움직이는 길인 황도에 있는 12개의 별자리를 말해요. 처녀자리, 사자자리, 천칭자리, 전갈자리, 궁수자리, 염소자리, 물병자리, 물고기자리, 양자리, 황소자리, 쌍둥이자리, 게자리이지요.

별자리가 움직이는 이유

제 2장 지구와 밤하늘 이야기

밤하늘의 별은 어떻게 움직일까요? 지구는 정말 둥글까요?
땅이 돌까요, 하늘이 돌까요?
옛날 사람들은 하늘을 보며 이런 궁금증을 가졌어요.
지구와 달, 지구에서 바라보는 하늘과 별에 대한 여러 가지
궁금증을 함께 풀어 보아요.

땅이 돌까요, 하늘이 돌까요?

"지구를 중심으로 해를 포함한 모든 천체가 돌고 있지!"
"무슨 소리! 지구가 해를 중심으로 돌고 있다는 것도 모르나?"
앞의 말은 천동설, 즉 지구 중심설을 주장하는 사람이 한 말이고, 뒤의 말은 지동설, 즉 태양 중심설을 주장하는 사람이 한 말이랍니다.

해는 아침에 동쪽에서 떠서 저녁에 서쪽으로 졌다가, 다음 날 아침에 다시 동쪽 지평선 위로 떠올라요. 밤새 서쪽 지평선 아래로 넘어갔다가 동쪽 지평선으로 움직이는 것이지요. 이처럼 해는 하루에 한 바퀴씩 지구 주위를 돌고 있어요. 별 또한 하루에 한 바퀴씩 동쪽에서 서쪽으로 움직이며 지구 주위를 돌고 있지요. 그런데 사실 이 현상은 해나 별이 지구를 도는 게 아니라 지구가 하루에 한 바퀴씩 스스로 도는 자전을 하기 때문에 나타나는 현상이에요. 그리고 낮과 밤도 지구의 자전 때문에 생기는 현상이랍니다.

하지만 이 같은 현상은 해나 별이 지구 주위를 돈다고 생각해도 설명할 수 있답니다. 다시 말해 하늘이 돌고 있다고 해도 이상할 게 없다는

천동설(태양이 지구를 중심으로 돈다는 설)을 주장한 아리스토텔레스(기원전 384~322년)

것이지요. 실제로 옛날 사람들은 하늘이 돈다는 천동설, 즉 지구 중심설을 사실이라고 믿었어요. 지구 중심설은 아리스토텔레스의 주장을 묶은 책인 《알마게스트》를 쓴 고대 그리스의 천문학자 프톨레마이오스가 체계적으로 정리했고, 이것이 《성서》의 내용에 잘 맞는다고 생각한 크리스트교의 지지 덕분에 2000년간 진리로 받아들여졌답니다.

하늘이 아니라 땅(지구)이 돈다는 지동설, 즉 태양 중심설은 기원전 그리스의 천문학자 아리스타르코스가 가장 먼저 주장했어요. 하지만 널리 알려진 것은 1500년대 폴란드의 천문학자 코페르니쿠스가 태양 중심설을 주장했다고 하는 사실이지요.

지동설(지구가 태양 주위를 돈다는 설)을 주장한 코페르니쿠스(1473~1543년)

아리스토텔레스의 천동설(지구 중심설)이나 코페르니쿠스의 지동설(태양 중심설)은 둘 다 하늘에서 벌어지는 현상을 설명하는 데 쓰일 수 있어요. 두 주장 모두 지구를 중심에 두고 하늘이 하루에 한 바퀴 돌든지, 태양을 중심에 두고 지구가 태양 주위를 돌며(공전) 하루에 한 바퀴씩 스스로 돌든지(자전) 태양, 별, 달의 움직임을 설명하는 데 큰 어려움이 없었지요.

문제는 금성, 화성 같은 행성의 움직임은 천동설로는 설명할 수 없다는 사실이었어요. 밤하늘에서 행성은 별들 사이를 떠돌듯 이리저리 움직이는데, 행성의 이런 움직임은 천동설을 지지하는 천문학자들을 수천 년간 괴롭혔답니다.

지구가 둥근지 어떻게 알았어요?

오늘날에는 지구가 둥근지 쉽게 알 수 있어요. 인공위성이 지구 대기권 밖에서 찍은 지구 사진을 보면 둥근 모습을 확인할 수 있기 때문이지요.

아주 옛날 사람들은 대부분 지구가 평평하고 둥근 하늘이 그 위를 덮고 있으며, 땅을 지나면 바다가 나오고 바다를 지나면 폭포 아래로 떨어진다고 생각했어요. 하지만 옛날 사람들도 확인했던, 지구가 둥글다는 증거에는 여러 가지가 있지요.

첫째, 먼 바다에서 항구로 들어오는 배는 돛대부터 보여요. 만약 지구가 평평하다면 배 전체가 점점 크게 보여야 맞겠지요. 둘째, 배를 타고 한 방향으로만 계속 가면 지구를 한 바퀴 돌아 제자리로 돌아올 수 있어요. 1519년 포르투갈 출신의 탐험가 마젤란이 세계 일주를 떠나 증명한 방법이랍니다. 셋째, 높은 곳에 올라갈수록 더 멀리 보여요. 만일 지구가 평평하다면, 높이에 관계없이 볼 수 있는 범위는 똑같을 거예요.

지구가 둥글다는 증거는 또 있어요. 그리스의 과학자 아리스토텔레스는 달이 지구의 그림자에 가려서 생기는 현상인 월식을 보며 지구는 분명히 둥글다고 주장했어요. 월식이 일어날 때 나타나는 지구 그림자 모양이 둥글기 때문이었지요.

지구가 둥글다는 증거들

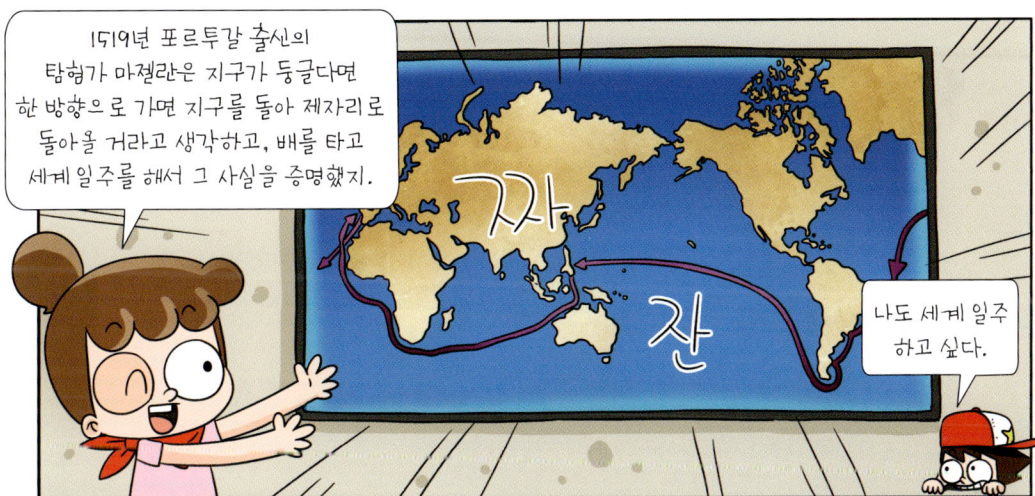

달의 모양은 왜 매일 변해요?

1962년 아프리카의 콩고에서 이상한 뼛조각이 하나 발견됐어요. 약 1만 년 전의 것으로 보이는 그 뼈에는 보름달, 초승달, 상현달처럼 달이 변하는 모습과 함께 눈금 같은 것이 새겨져 있었지요.

과학자들은 이것이 1년 12달을 나타내는 달력이라고 설명해요. 아주 먼 옛날에는 등불이 없었기 때문에 밤에는 달빛이 유일한 빛이었을 거예요. 그래서 달의 모양을 유심히 살펴볼 수밖에 없었겠지요. 그러다 보니 달이 초승달, 상현달, 보름달, 하현달, 그믐달 순으로 모양이 변하며, 29.5일마다 같은 모양으로 돌아온다는 사실을 알게 되었어요(29.5일은 삭망월이라고 해요). 그래서 음력에서 1달은 29일 또는 30일로 계산해요.

매일 달의 모양이 달라지는 이유는 달이 지구 주위를 도는 동안 태양과 이루는 상대적인 위치가 달라지기 때문이에요. 태양 – 달 – 지구 순으로 위치하면 지구에서는 달이 보이지 않는 반면, 태양 – 지구 – 달 순으로 위치하면 지구에서는 보름달 모양이 보이지요.

또 달은 모양에 따라 볼 수 있는 시간도 달라져요. 초승달은 해가 진 뒤 서쪽 하늘에서 잠시 보이다가 져요. 그리고 그믐달은 해가 뜨기 전 새벽에 떠서 해 지기 전에 져요. 보름달은 해가 질 무렵 둥실 떴다가 자정 무렵 가장 높이 떠오르며, 해 뜰 무렵에 서쪽 하늘로 진답니다.

달 모양이 변하는 원리

태양, 지구, 달이 만드는 일식과 월식

월식은 태양 – 지구 – 달 순으로 놓일 때 일어나요. 다시 말해 보름달일 때 월식이 생기지요. 하늘에 뜬 둥글고 밝은 보름달이 가장자리부터 지구의 둥근 그림자 안으로 들어가면서 오목하게 파이기 시작해요. 그 뒤 보름달이 지구 그림자에 통째로 가려졌다가 얼마 뒤에는 달이 조금씩 보이고 이내 다시 둥근 모양을 되찾지요.

달이 지구 그림자 안에 모두 들어갔다 나올 때 일어나는 월식은 개기 월식이라고 하고, 일부만 들어갔다가 나올 때 생기는 월식은 부분 월식이라고 해요. 개기 월식 때 달이 지구 그림자에 전부 가려지면 완전히 사라지는 것이 아니라 어둡고 붉게 변하는 것을 볼 수 있어요.

일식은 태양 – 달 – 지구 순으로 놓여 달이 태양을 가릴 때 일어나요. 이때 태양 빛에 의해서 지구에 달의 그림자가 생기는데, 내부의 아주 어두운 부분인 본그림자를 외부의 덜 어두운 부분인 반그림자가 둘러싸고 있어요. 지구에서 달을 관측하는 사람이 달의 본그림자 안에 있으면 해가 모두 달에 가려지는 개기 일식이 보이고, 반그림자 안에 있으면 해의 일부가 가려지는 부분 일식이 보이지요.

일식

그런데 일식은 지구에서 달이 태양보다 더 가까이 있다는 사실을 증명하는 예랍니다. 달이 해를 가리니까요. 결국 달과 태양은 겉보기 크기가 비슷하지만, 태양이 달보다 멀리 떨어져 있으므로 태양이 달보다 더 크다고 할 수 있지요. 다시 말해 일식 현상으로 태양이 달보다 크다는 사실을 확실히 알 수 있답니다.

일식이 일어나는 원리

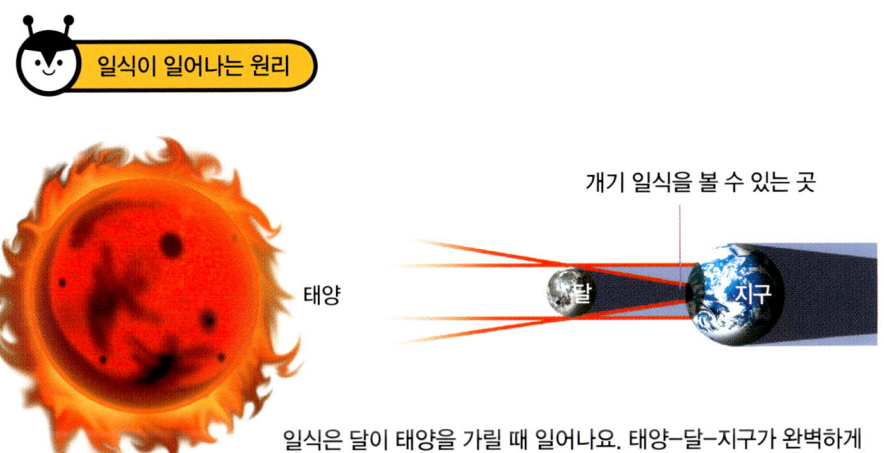

일식은 달이 태양을 가릴 때 일어나요. 태양-달-지구가 완벽하게 일직선이 되면 일어나는 현상이지요. 그런데 태양, 지구, 달이 모두 움직이기 때문에 이런 현상은 100년에 몇 번 정도로 드물게 일어나요.

월식이 일어나는 원리

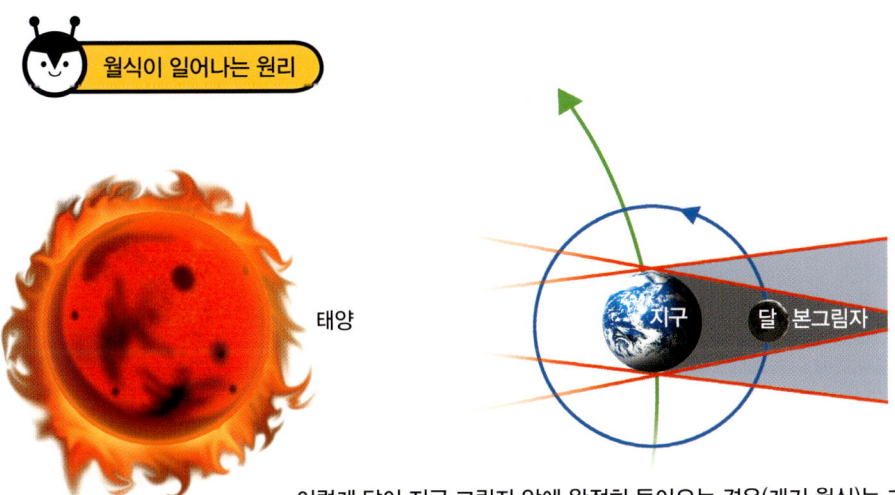

이렇게 달이 지구 그림자 안에 완전히 들어오는 경우(개기 월식)는 그리 흔하지 않아요. 지구가 화살표 방향으로 움직이고, 달도 움직이니까요.

별의 밝기가 다르다고요?

기원전 130년경 고대 그리스의 천문학자 히파르코스는 맨눈으로 볼 수 있는 가장 밝은 별을 1등급, 가장 어두운 별을 6등급으로 나타냈어요. 등급 앞에 있는 숫자가 작을수록 더 밝은 별이에요. 1등급 별은 6등급 별보다 100배가 밝고, 각 등급 사이의 밝기는 2.5배씩 차이가 나요. 과학 기술이 발달해서 관측할 수 있는 별들이 많아지면서 마이너스(-) 등급으로 표시되는 별들도 생겼어요. 이렇게 우리 눈에 그대로 보이는 별의 밝기를 '겉보기 등급'이라고 해요. 겉보기 등급이 가장 밝은 별은 지구와 가장 가까이 있는 태양이에요. 태양은 -26.7등급이지요. 밤하늘의 별들 중 가장 밝게 보이는 별은 큰개자리의 시리우스로 -1.47등급이에요.

그런데 겉보기 등급은 별의 실제 밝기가 아니에요. 지구에서 아주 멀리 떨어져 있으면 밝은 별도 어둡고 희미하게 보이니까요. 그래서 천문학자들은 별들을 모두 같은 거리(지구에서 10파섹(pc*) 떨어진 거리)에 놓았을 때의 밝기를 나타내는 '절대 등급'을 만들었어요.

겉보기 등급이 -26.7등급인 태양은 절대 등급이 4.8등급밖에 안 되고, 겉보기 등급이 2등급인 북극성은 절대 등급이 -3.6등급이나 된답니다. 즉, 북극성은 태양보다 2000배가량 밝아요.

pc(파섹)은 천체들 사이의 거리를 나타내는 단위예요. 1pc은 태양과 지구 사이 거리의 20만 6000배예요.

별의 겉보기 등급과 절대 등급

별의 색도 다르다!

별의 밝기와 마찬가지로 별의 색도 여러 가지예요. 촛불을 자세히 들여다보면 촛불의 가운데 심지와 가까운 부분은 빨간색이고, 그 바깥쪽은 노란색 그리고 가장 바깥쪽의 불꽃은 파란색이지요. 이처럼 촛불 불꽃의 색이 다른 이유는 불꽃 각 부분의 온도가 다르기 때문이에요. 이와 마찬가지로 별도 온도에 따라 색이 달라요. 온도가 높은 별에서 낮은 별 순으로 파란색, 흰색, 노란색, 주황색, 빨간색을 띤답니다.

별똥별은 별이 아니라고요?

별똥별이 떨어지는 순간 소원을 빌면 이루어진다는 말이 있지요. 여러분은 별똥별을 본 적이 있나요?

도시의 불빛을 벗어나 한적한 시골에 가면 밤하늘에서 떨어지는 별똥별을 쉽게 볼 수 있어요. 춥지 않은 날 10~20분만 밤에 하늘을 올려다보세요. 쳐다보고 있으면 별똥별 하나쯤은 볼 수 있을 거예요. 눈 깜짝할 사이에 나타났다가 사라지니까 정신을 바짝 차리고 관찰해야 해요. 물론 어떤 별똥별은 크고 밝아서 몇 초간 보이기도 하지만요.

별똥별은 이름처럼 별의 똥에서 나온 것은 아니랍니다. 사실 우주에서 떠돌던 먼지나 암석이 지구에 끌려 들어와 대기권에서 마찰을 일으키며 불탈 때 보이는 현상이 별똥별이지요. 별똥별은 유성이라고도 해요.

별똥별, 즉 유성을 만드는 이런 우주 먼지나 암석을 유성체라고 하는데, 유성체의 크기에 따라 별똥별의 밝기가 달라진답니다.

보통 별똥별은 어디서 관찰하든지 상관없이 새벽 1시부터 해 뜨기 전까지 가장 잘 보여요. 별똥별은 왜 자정 너머 많이 떨어질까요?

이는 지구가 태양 주변을 도는 속도(공전 속도)와 관련이 있어요. 자정 이전에는 우주 먼지나 암석이 지구보다 더 빨리 움직여야 지구를 따라잡아서 지구에 떨어질 수 있지요. 하지만 자정 이후인 새벽에는 우주 먼지나 암석이 지구가 공전하는 길목에 놓여 있기만 해도 지구에 빨려들며 별똥별이 될 수 있지요. 그래서 새벽에 떨어지는 별똥별이 자정 이전에 떨어지는 별똥별보다 많은 거예요.

 별똥별이 새벽에 많이 떨어지는 이유

유성우, 진짜 별이 비처럼 내려요?

유성우라는 말의 '우(雨)'는 비를 의미해요. 그렇다면 정말 유성(별똥별)들이 비처럼 한꺼번에 쏟아지는 놀라운 광경을 보게 된다는 뜻일까요?

실제로 1998년 11월 17일, 사자자리 유성우가 떨어진다고 한 적이 있어요. 사자자리 유성우는 사자자리 방향에서 많은 유성이 쏟아져 나오는 것처럼 보인다고 해서 그렇게 이름이 붙은 것이랍니다. 그날에는 별똥별이 비처럼 쏟아지는 모습을 볼 수 있을 거라고 텔레비전과 신문에서는 며칠 전부터 소식을 전했어요. 그런데 한 시간에 만 개나 되는 별똥별이 떨어질 것이라는 예측과는 달리, 한 시간에 수백 개 정도만 떨어져서 많은 사람들이 실망했지요.

한 시간에 수백 개라면 굉장히 많아 보이지만, 이것을 초 단위로 계산해 보면 10초에 한두 개 정도 떨어지는 것이니까요. 그래도 평소에는 한 개 보기도 힘든 별똥별을 몇 초마다 한 개씩 본다는 것은 역시 즐거운 일이었어요. 그리고 그 당시에는 선명하고 굵은 푸른 선을 그으며 떨어지는 별똥별도 자주 볼 수 있

사자자리 유성우

었어요.

특히 지구가 태양계의 소행성이나 혜성에서 떨어져 나온 파편들(유성체)이 무리 지어 있는 곳을 통과할 때면 별똥별이 왕창 쏟아져 유성우를 볼 수 있지요. 예를 들어 물병자리 유성우와 오리온자리 유성우는 핼리 혜성이 남긴 찌꺼기들이 펼치는 별똥별 쇼랍니다.

쌍둥이자리 유성우

 ## 러시아의 유성 폭발 이야기

2013년 2월 15일 러시아 현지 시각 오전 9시 20분. 하늘에서 큰 소리와 함께 커다란 유성이 나타나 점점 밝아지더니 곧 태양보다 밝게 빛났어요. 지름 17미터의 소행성(유성체)이 초속 15킬로미터 속도로 지구 대기권에 들어왔다가 공중 폭발을 일으키며 산산조각 났지요. 유성체 조각이 떨어진 러시아 우랄산맥 부근에서 운석이 많이 발견되었고, 폭발 때 생긴 충격파 때문에 1200여 명이 다치고 3000여 채의 건물이 파손됐답니다. 이때 방출된 에너지는 일본 히로시마에 투하된 원자폭탄의 33배에 이르는 정도라고 해요. 이처럼 유성체의 규모가 크면 소리를 내며 불타 매우 밝은 유성인 화구를 만들고, 타다 남은 나머지가 땅에 떨어져 운석을 남긴답니다.

러시아 유성 폭발 때 생긴 충격파로 인해 부서진 건물

제 3장 망원경과 천문대 이야기

별자리나 별똥별은 맨눈으로 충분히 즐길 수 있지만,
달이나 행성, 성단 등을 자세히 보려면 망원경이 필요해요.
멋진 천체 사진을 찍고 싶다면 역시 망원경을 사용해야 하지요.
요즘은 지역마다 천문대가 들어서 있으니까 망원경으로 천체를
관측하고 싶다면 가까운 천문대를 찾아가 보세요.

우주를 관측하는 여러 가지 망원경

천체 망원경은 1600년대에 들어서야 과학자 갈릴레이와 뉴턴에 의해 만들어졌어요. 갈릴레이와 뉴턴의 망원경처럼 렌즈나 거울을 이용한 망원경을 '광학 망원경'이라고 해요. 그런데 광학 망원경으로 볼 수 있는 것은 그리 많지 않아요.

물론 갈릴레이는 작은 광학 망원경으로 달이 지구처럼 울퉁불퉁하다는 것, 목성에도 목성 둘레를 도는 위성이 있다는 것을 발견했어요. 이를 통해 태양과 별들이 지구를 중심으로 돈다는 천동설이 흔들리기 시작했어요. 하지만 지름 10미터짜리 아무리 큰 광학 망원경을 이용한다고 해도 아주 멀리 있는 천체를 관측하기는 어려워요.

1609년 갈릴레이가 만든 광학 망원경(아래)과 1668년 뉴턴이 만든 광학 망원경(위)

그래서 광학 망원경 외에 사람 눈에 보이지 않는 전파를 내는 천체를 관측하는 전파 망원경, 지구의 날씨에 영향을 받지 않게 직접 우주에 띄워 놓은 우주 망원경 등 여러 가지 망원경이 개발됐어요. 우주 망원경으로 천체가 내는 적외선, 엑스선 등을 관측하기도 해요.

여러 가지 천체 망원경

광학 망원경인 켁 망원경의 주거울이에요. 지름이 10미터나 돼요.

광학 망원경
천문대 돔 안에 설치돼 있어서 관측할 때 돔을 열고 하지요. 사진은 하와이 마우나케아 산 정상에 있는 켁 천문대예요.

전파 망원경
우주 공간에 있는 천체로부터 발생하는 전파를 관측하는 망원경이에요. 광학 망원경으로 관측할 수 없는 부분을 살펴볼 수 있어요.

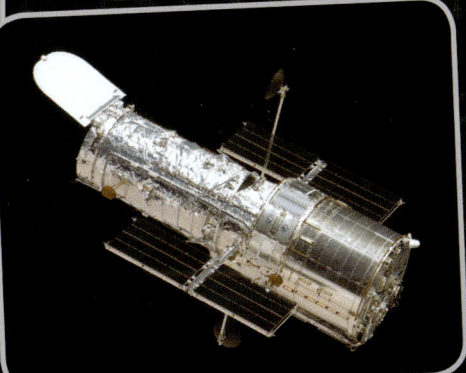

허블 우주 망원경
미국항공우주국(NASA)에서 쏘아 올려 지구 대기권 밖에서 지구 궤도를 돌고 있는 우주 망원경이에요.

엑스선 망원경
지구 대기 밖에서 엑스선을 내는 천체를 관측하기 위한 망원경이에요. 천체에서 나오는 엑스선은 지구 대기가 차단하기 때문에 지구 대기 밖에서 관측해요.

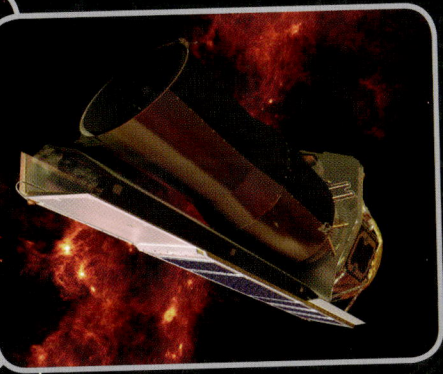

스피처 우주 망원경
적외선을 감지하는 망원경이에요. 허블 우주 망원경과 마찬가지로 미국항공우주국(NASA)에서 쏘아 올렸어요.

망원경으로 보면 어떻게 보여요?

혹시 천체 망원경을 사서 밤하늘을 관측해 보고 싶은 친구들이 있나요? 아마 여러분이 살 수 있는 천체 망원경은 아무리 좋은 것이라고 해도, 지름 80밀리미터 이하의 굴절 망원경이나 210밀리미터 이하의 반사 망원경 정도일 거예요. 이런 망원경의 접안렌즈에 눈을 대면, 책에서 본 화려한 성운의 모습들이 펼쳐질까요?

실망할지 모르지만 그 정도까지 보이지는 않아요. 책에서 본 환상적인 사진들은 모두 지름이 몇 미터나 되는 거대한 망원경으로 관측한 것이거나, 우주 망원경으로 관측한 모습에 컴퓨터로 색을 입힌 거예요. 여러분의 망원경으로 볼 수 있는 가장 인상적인 천체는 아마 토성일 거예요. 토성의 고리가 또렷하게 보이거든요.

달을 보는 것도 재미있어요. 그런데 달은 반달 또는 그보다 작은 모양일 때 관측하는 것이 좋아요. 달은 매우 밝아서 보름달일 때 관측하면 너무 밝아 오히려 달 표면을 자세히 보기 어렵기 때문이에요.

그런데 망원경 없이도 밤하늘을 즐길 수 있답니다. 북두칠성, 북극성 같은 별이나 오리온자리 같은 별자리를 찾아보려면 망원경이 필요 없어요. 망원경은 시야가 좁아서 넓은 하늘을 보지 못하거든요. 마찬가지로 별똥별이 떨어지는 모습도 망원경 없이 맨눈으로 관찰하는 것이 좋아요.

사실 달은 망원경 대신 쌍안경으로 관찰해도 표면의 자세한 모습을 볼 수 있어요.

천체 망원경의 구조와 각 부분의 기능

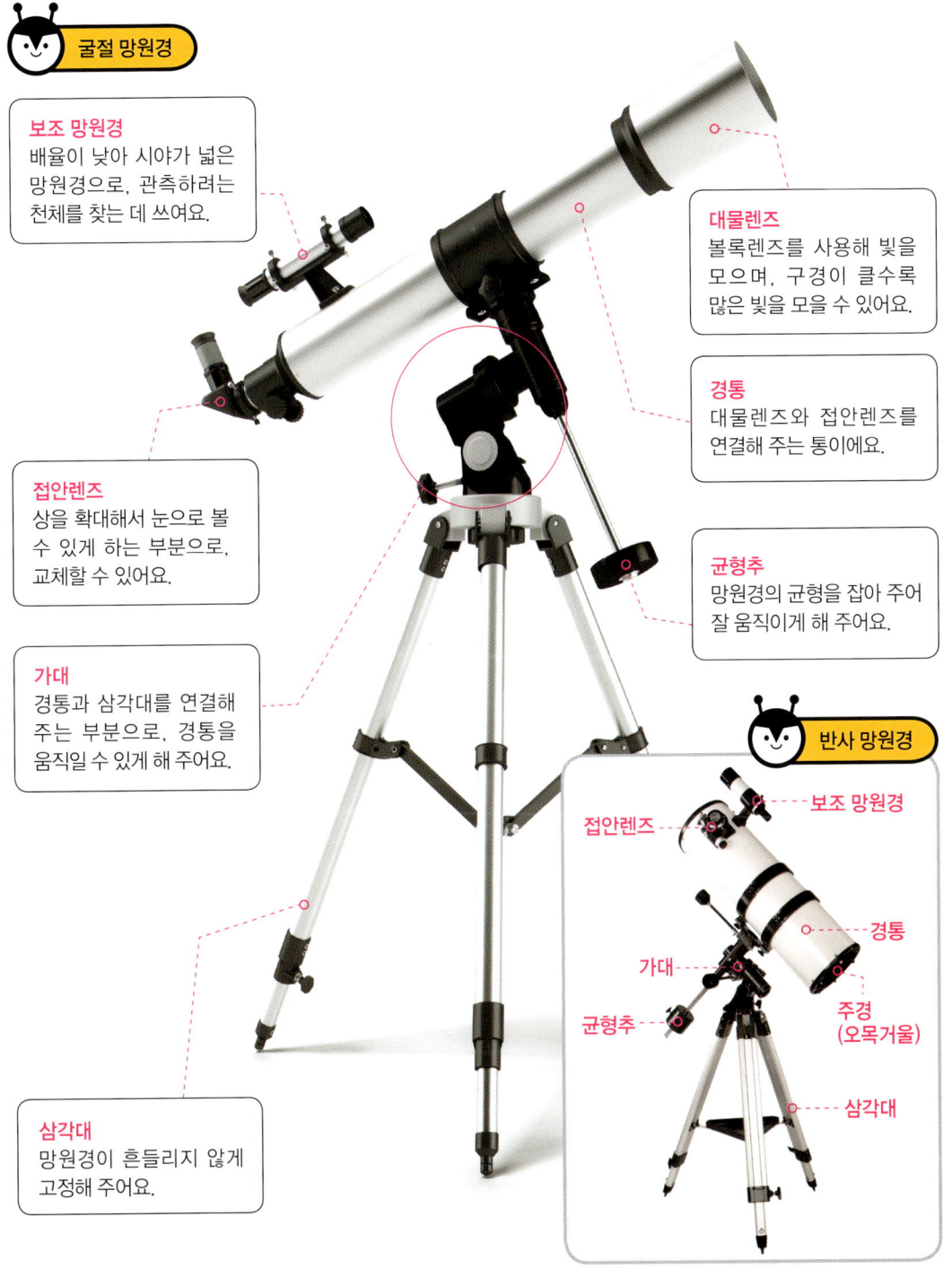

굴절 망원경

보조 망원경
배율이 낮아 시야가 넓은 망원경으로, 관측하려는 천체를 찾는 데 쓰여요.

대물렌즈
볼록렌즈를 사용해 빛을 모으며, 구경이 클수록 많은 빛을 모을 수 있어요.

경통
대물렌즈와 접안렌즈를 연결해 주는 통이에요.

접안렌즈
상을 확대해서 눈으로 볼 수 있게 하는 부분으로, 교체할 수 있어요.

균형추
망원경의 균형을 잡아 주어 잘 움직이게 해 주어요.

가대
경통과 삼각대를 연결해 주는 부분으로, 경통을 움직일 수 있게 해 주어요.

반사 망원경

보조 망원경
접안렌즈
경통
가대
균형추
주경 (오목거울)
삼각대

삼각대
망원경이 흔들리지 않게 고정해 주어요.

망원경과 천문대 이야기

천체 사진은 어떻게 찍어요?

먼저 망원경에 카메라를 설치한 뒤 오랜 시간 셔터를 열어서 찍어요. 그러면 충분한 양의 빛이 필름에 닿기 때문에, 나중에 사진으로 보면 색깔도 잘 보이지요. 사람의 눈은 필름처럼 빛을 계속 모아 둘 수 없어서 그저 희뿌옇게만 보여요.

그런데 망원경을 이용해서 사진을 찍으려면 망원경과 카메라 말고도 준비해야 할 것이 많답니다. 대표적인 것이 모터예요.

천체의 위치는 지구가 자전하기 때문에 시간이 지나면 변해요. 그래서 망원경을 고정시키고 사진을 찍으면 별들이 선으로 찍히지요. 별들을 또렷한 점으로 찍고 싶거나 성운의 모습을 제대로 찍고 싶다면, 천체가 움직이는 대로 망원경을 움직여 주어야 해요. 물론 사람이 하긴 힘들어요. 그래서 천체의 움직임을 똑같이 따라가게 해 주는 모터를 망원경에 설치하지요.

하와이 마우나케아 산 꼭대기에 있는 지름 10미터짜리 켁 망원경이나 우리나라 보현산 천문대나 소백산 천문대에 있는 큰 망원경에도 당연히 모터가 설치되어 있어요. 다만 이런 망원경들은 아주 정밀하게 조작해야 하기 때문에 컴퓨터에 의해 움직인답니다.

천체 사진을 찍을 때 필요한 준비물

굴절 망원경
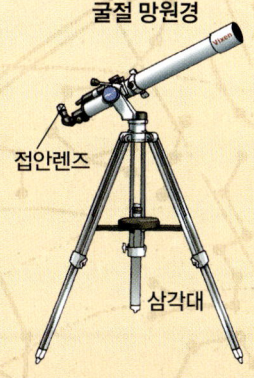
- 접안렌즈
- 삼각대

필름

밤하늘을 찍을 때는 감도가 높은 필름을 써야 해요.

여러 가지 접안렌즈

여러 가지 필터

달이나 태양을 볼 때 사용해요.

카메라

- 릴리즈

멀리서 셔터를 누를 수 있고, 오랫동안 셔터가 풀리지 않게 해 주는 장치예요.

모터

천체의 움직임을 따라 망원경을 움직여 주는 모터예요.

반사 망원경

- 접안렌즈

망원경을 이용해서 사진을 찍는 것을 '사진 관측'이라고 해요. 사진 관측은 눈을 직접 대고 보는 '안시 관측'으로는 볼 수 없었던 것들을 보여 주지요.

쌍안경

은하수나 달을 관찰할 때 좋아요.

랜턴

붉은 셀로판지를 대어 놓으면 밤하늘에 눈이 빨리 적응돼요.

성도

별자리와 천체들의 위치를 알려 주는 밤하늘 지도예요.

천문대로 떠나는 우주여행

요즘은 망원경을 갖추어 놓고 일반 사람들에게 별을 보여 주는 천문대가 많아요. 별에 대한 설명도 들을 수 있고, 직접 여러 가지 관측도 하면서 별과 우주에 대해 알차게 배울 수 있답니다.

별마로 천문대

우리나라에서 가장 큰 시민 천문대예요. 공기가 깨끗한 강원도 영월 봉래산 꼭대기에 있어서 관측 조건도 좋아요. 굴절 망원경과 반사 망원경 등 다양한 망원경이 있고, 천체 투영실도 있어요.

http://www.yao.or.kr
(강원도 영월군 033-372-8445)

세종 천문대

대형 천체 망원경이 많아서 단체 교육에 좋아요. 천체 투영관과 전문 시청각실이 있고, 우주 공간에서의 천체 회전과 무중력 상태를 경험할 수 있는 우주 체험관도 있어요.

http://www.천문대.kr
(경기도 여주시 031-886-2200 / 02-3472-2620)

중미산 천문대

어린이 천문 우주 과학 체험 학습을 목적으로 설립된 천문대예요. 여러 가지 망원경으로 직접 관측할 수 있으며, 유치원생과 초등학생을 위한 체계적인 프로그램이 있어요.

http://www.astrocafe.co.kr
(경기도 양평군 0507-1325-9523)

별자리 여행을 하고 싶으면 천문대로 오세요!

대전 시민 천문대

실내에서도 실제 밤하늘과 똑같은 별들을 볼 수 있게 해 주는 천체 투영실이 있으며, 우리나라에서 가장 큰 굴절 망원경을 비롯해 여러 가지 망원경으로 직접 천체를 관측할 수 있어요.

http://djstar.kr
(대전시 유성구 042-863-8763)

소백산 국립 공원 안에 있어요. 개인은 매일 오후 1~4시 사이에 견학할 수 있어요. 단체는 예약한 후 시간 배정을 받아야 해요.

http://soao.kasi.re.kr
(충청북도 단양군 043-422-1108)

● 소백산 천문대

김해 천문대

분정산 정상에 있어서 김해시의 모습이 한눈에 내려다보여요. 천체 투영실과 직접 체험해 볼 수 있는 과학 전시실이 마련되어 있고, 2개의 관측실과 보조 관측실이 있어요.

http://ghast.or.kr
(경상남도 김해시 055-337-3785)

경기도 · 양평
여주
강원도
단양 · 영월
충청남도
충청북도
대전
경상북도
영천
전라북도
경상남도
김해

일반 방문객들은 4~6월, 9월, 10월의 넷째 토요일 오후 2시~4시에 열리는 주간 공개 행사에만 갈 수 있어요. 행사 5일 전에 반드시 예약을 해야 해요. 방문객 센터 안의 전시실은 화요일~일요일 오전 10시부터 열리지만, 기상 상황 등에 따라 휴관하기도 하니까 미리 연락해 보고 가야 해요.

http://boao.kasi.re.kr
(경상북도 영천시 054-330-1000)

● 보현산 천문대

제 4장 태양계 이야기

태양, 수성, 금성, 지구, 화성, 목성, 토성, 천왕성, 해왕성은
태양계의 가족들이에요.
우리가 잘 알고 있는 천체들이지요.
그런데 태양계에는 우리가 잘 모르는 다른 가족들도 있어요.
혜성과 소행성 등이 그 주인공이랍니다.
태양계의 가족들을 만나러 함께 떠나 볼까요?

태양계 식구들은 어떻게 되나요?

태양계는 태양의 주위를 도는 천체들의 모임이에요. 그럼 태양계에는 천체가 몇 개나 있을까요? 우리에게 익숙한 것들부터 헤아려 봐요.

우선 태양계의 중심에는 태양계의 유일한 항성(별)인 태양이 있어요.

그리고 수성, 금성, 지구, 화성, 목성, 토성, 천왕성, 해왕성의 여덟 개의 행성이 태양 주위를 돌고 있지요. 해왕성보다 먼 곳에는, 이제는 행성이 아니라고 분류된 명왕성도 있고요.

그런데 이게 전부가 아니에요. 달이 지구 주위를 도는 것처럼 각 행성들 주위를 돌고 있는 위성들도 있어요.

수성과 금성은 위성이 없지만 지구는 1개, 화성은 2개, 목성은 적어도 67개, 토성은 62개 이상, 천왕성은 27개, 해왕성은 14개의 위성이 있어요. 그런데 목성, 토성, 천왕성, 해왕성에서는 매우 작은 위성들이 계속 발견되고 있어서 그 수는 앞으로 더욱 늘어날 거예요.

벌써 태양계 천체의 수가 100개를 훌쩍 넘었네요. 하지만 이건 이제 겨우 시작일 뿐이에요.

화성과 목성 사이에는 행성보다 훨씬 작은 천체인 소행성들이 모여 있는 소행성대가 있어요. 여기에는 지름이 1킬로미터보다 큰 소행성이 100만 개 정도 있다고 해요.

또 명왕성 근처부터 그 바깥쪽까지는 소행성대와 비슷한 '카이퍼 벨트'가 있답니다. 카이퍼 벨트의 소천체(KBO)는 지름이 100킬로미터보다 큰 것만 10만 개가 넘을 것으로 추정돼요. 그리고 관측 장비가 발달할수록 앞으로 더 많은 소행성과 소천체를 발견하게 될 거예요.

이뿐만이 아니에요. 태양계에는 티끌과 얼음덩어리로 된 혜성들도 1000개 정도나 있고, 우주 공간을 떠도는 크고 작은 바윗덩어리인 유성체들도 있어요. 유성체는 크기도 매우 다양하고, 그 수도 셀 수 없이 많아요.

자, 어때요? 누군가 태양계의 천체가 몇 개냐고 물으면 이젠 "셀 수 없이 많아요."라고 대답해야겠지요?

행성과 항성의 차이

많은 사람들이 우주에 있는 모든 천체를 '별'이라고 불러요. 하지만 천문학자들은 '스스로 에너지를 만들며 빛을 내는 천체'만 '별(또는 항성)'이라고 부른답니다. 별 주변에서 별빛을 반사해 빛나는 천체는 행성이라고 구분해서 부르지요. 그래서 스스로 빛과 열을 내는 태양 같은 항성만 별이라고 해요. 태양빛을 반사시켜 빛나는 지구, 금성, 화성 같은 천체는 별이라고 하지 않고 '행성'이라고 불러요.

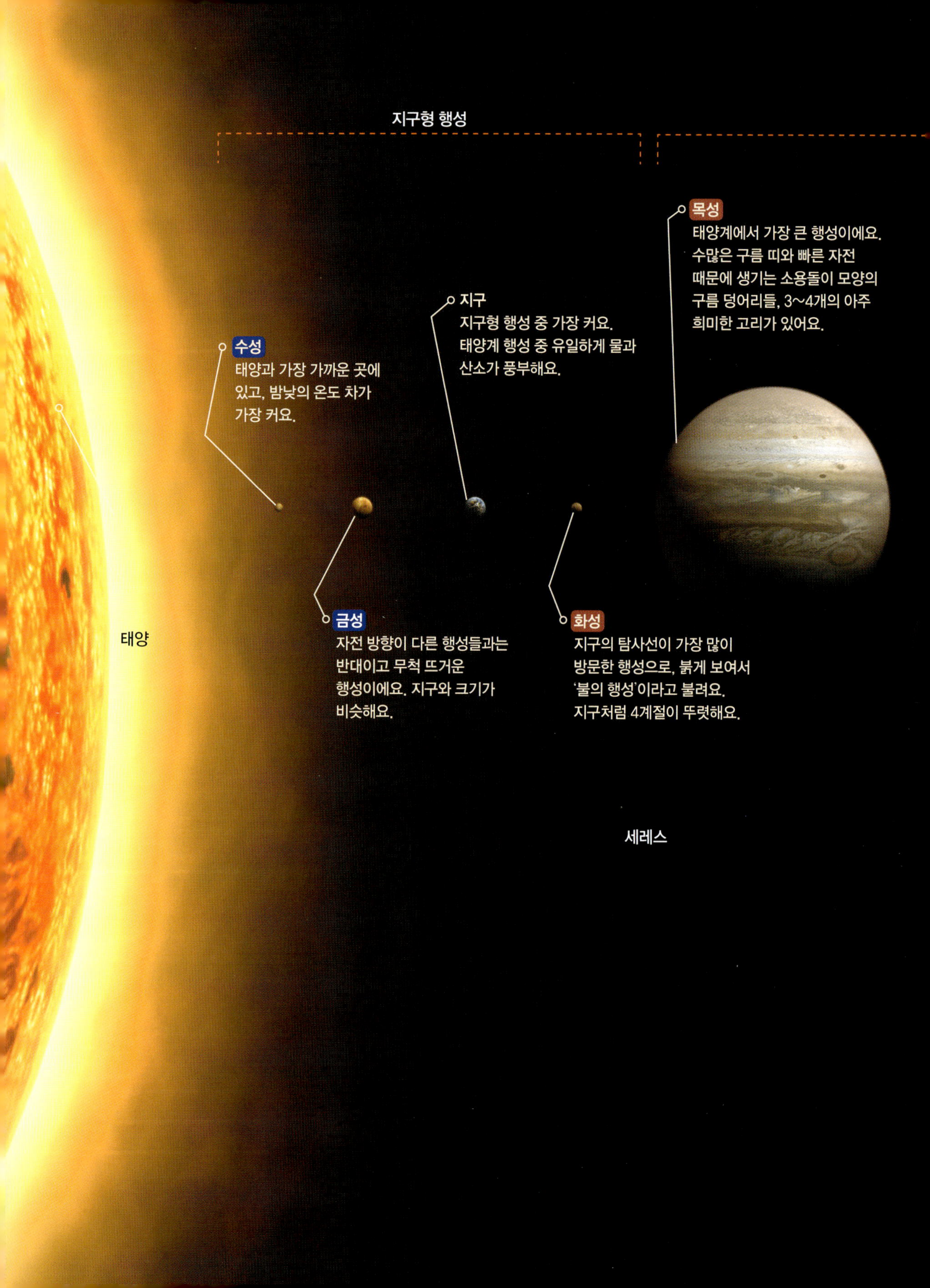

지구형 행성

태양

수성
태양과 가장 가까운 곳에 있고, 밤낮의 온도 차가 가장 커요.

금성
자전 방향이 다른 행성들과는 반대이고 무척 뜨거운 행성이에요. 지구와 크기가 비슷해요.

지구
지구형 행성 중 가장 커요. 태양계 행성 중 유일하게 물과 산소가 풍부해요.

화성
지구의 탐사선이 가장 많이 방문한 행성으로, 붉게 보여서 '불의 행성'이라고 불려요. 지구처럼 4계절이 뚜렷해요.

목성
태양계에서 가장 큰 행성이에요. 수많은 구름 띠와 빠른 자전 때문에 생기는 소용돌이 모양의 구름 덩어리들, 3~4개의 아주 희미한 고리가 있어요.

세레스

목성형 행성

해왕성
태양계에서 가장 바깥쪽 궤도를 도는 행성이에요. 태양에서의 거리는 45억 킬로미터나 된답니다.

---- 행성

천왕성
파란색으로 빛나는 행성이에요. 자전축의 기울기가 98°라서 거의 옆으로 누워 있는 셈이지요.

토성
토성의 고리들은 두께는 1킬로미터를 넘지 않지만, 너비는 30만 킬로미터도 넘어요. 지구에 이런 고리가 있다면 달까지 닿을 거예요.

---- 왜소행성

명왕성(134340 명왕성)   에리스

- **위치로 행성 분류하기** : 태양과 지구 사이에 있는 수성과 금성은 내행성 이라고 하고, 그 바깥쪽에 있는 행성들은 외행성이라고 해요.
- **특징으로 행성 분류하기** : 지구처럼 딱딱한 암석으로 이루어진 수성, 금성, 화성, 지구는 지구형 행성이라고 하고, 기체로 이루어진 목성, 토성, 천왕성, 해왕성은 목성형 행성이라고 해요.

태양, 평범하고도 특별한 별

별은 밤에만 볼 수 있을까요? 그렇지 않아요. 낮에 보이는 별도 있지요. 바로 해(태양)랍니다. 태양은 지구에서 가장 가까운 별이자, 태양계에 있는 유일한 별이에요.

태양은 태양계 전체 질량의 대부분인 99퍼센트 이상을 차지하며 태양계 전체에 에너지를 공급해요. 태양계 전체에 아주 큰 영향을 미치지만, 우주의 수많은 별들에 비교해 보면 태양은 크기로 보나 온도로 보나 특별한 별은 아니에요. 태양은 반지름이 약 70만 킬로미터(지구 반지름의 109배)로, 표면 온도가 약 6000℃인 거대한 가스 덩어리랍니다.

태양은 거의가 수소로 이루어져 있고, 중심핵에서 수소가 헬륨으로 바뀌는 수소 핵융합 반응이 일어나면서 에너지가 만들어져요. 이 에너지가 태양을 완전히 빠져나오는 데는 짧게는 수만 년에서 길게는 수천만 년이 걸려요. 태양 안쪽의 물질은 밀도가 매우 높아서 에너지가 밖으로 뚫고 나오기 힘들기 때문이지요. 태양은 지금까지 약 50억 년 동안 에너지를 만들어 왔고, 앞으로도 50억 년 동안 더 만들 수 있다고 해요. 태양에서 만들어진 에너지는 빛의 형태로 지구를 비롯한 행성에 전해진답니다. 특히 지구에는 생명체가 살기에 적당한 햇빛이 도착하지요.

태양 표면과 대기층에서 나타나는 다양한 현상

태양의 둥근 표면을 광구라고 하는데, 검은 점이 보여요. 그 점을 흑점이라고 해요. 흑점은 원래 검은 것이 아니라 평균 온도가 4000℃로, 주변 온도보다 2000℃ 정도 더 낮아서 상대적으로 어둡게 보이는 거예요. 태양 표면에는 쌀알을 뿌려 놓은 것 같은 모양의 무늬(쌀알 무늬)가 있어요. 표면 아래에서 뜨거운 물질이 올라오고 식은 물질이 내려가며 생긴 것이랍니다.

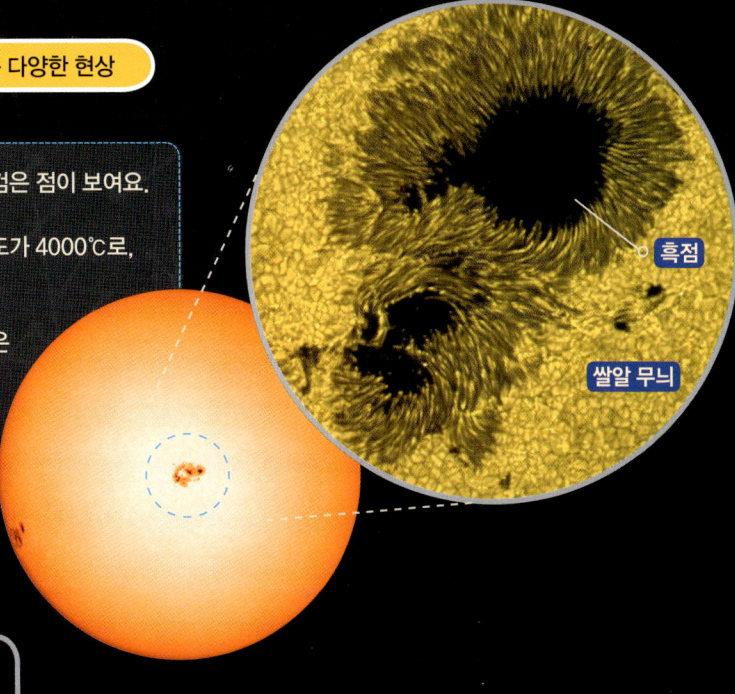

태양의 둥근 표면(광구) 위로는 대기가 넓게 퍼져 있어요. 태양이 매우 밝기 때문에 평소에는 태양의 대기를 관측하기 어렵고 개기 일식 때 볼 수 있어요. 둥근 표면 바로 위에 붉은색을 띤 얇은 대기층을 채층이라고 하고, 태양 대기의 가장 바깥층을 이루는 부분을 코로나라고 해요. 코로나의 온도는 약 100만℃ 이상으로 표면보다 높아요.

태양 대기층에는 불꽃이나 고리 모양으로 솟구쳐 오르는 현상(홍염), 흑점 주변에서 에너지가 폭발적으로 나오는 현상(플레어)이 나타나요.

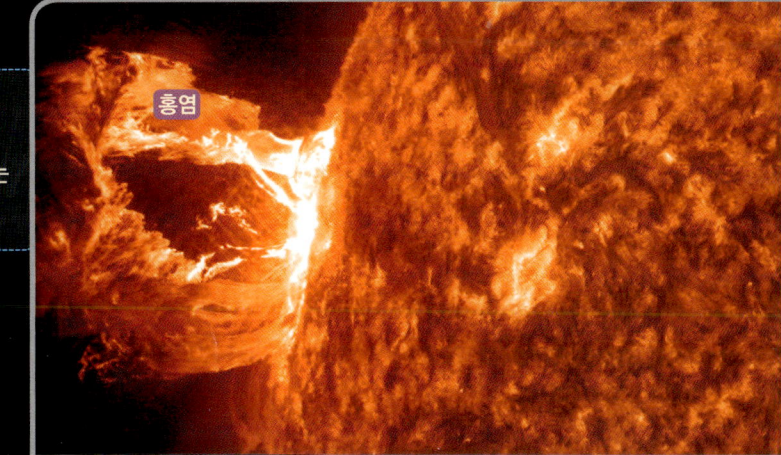

지구 주위를 도는 위성, 달

"푸른 하늘 은하수 하얀 쪽배엔 계수나무 한 나무 토끼 한 마리……."

우리가 잘 아는 동요 '반달'에는 달에 있다는 계수나무와 토끼가 나와요. 노래처럼 실제로 달에 토끼가 살까요?

1969년 미국 우주인 암스트롱이 탐사선 '아폴로 11호'를 타고 달에 간 뒤 표면에 내려서 확인해 보니, 달은 아무것도 살지 않는 휑한 곳이었다고 해요.

달 표면에는 밝은 부분과 어두운 부분이 나타나요. 표면이 울퉁불퉁해서 햇빛이 반사되는 정도가 다르기 때문이에요. 달은 주로 어두운 현무암으로 이루어져 있는데, '바다'라고 불리는 평평한 지대보다 '고원'이라고 불리는 울퉁불퉁한 산악 지대가 빛을 더 많이 반사해서 밝게 보인답니다.

특히 달 표면은 곰보 자국처럼 여기저기 팬 흔적이 많아요. 이렇게 우주에서 날아온 운석이 충돌해 생긴 구덩이를 '크레이터'라고 해요. 달에는 크고 작은 크레이터가 수없이 많답니다.

뒤늦게 생긴 크레이터 주위로는 여러 갈래로 뻗어나가는 지형이 만들어지기도 해요. 빛줄기가 뻗어나가는 것 같다고 해서 이것을 '광조'라고 하지요.

밤에 달을 보면 밝긴 하지만 달이 직접 빛을 내는 것은 아니에요. 달은 태양의 빛을 반사할 뿐이랍니다.

 **달의 특징**

○ 지구

6378km

1738km

○ 달

달은 태양계의 다른 위성들과 달라도 너무 많이 달라요. 다른 행성의 위성들은 크기가 대개 자기가 도는 행성 지름의 수십 분의 일 정도밖에 되지 않아요. 그런데 달의 지름은 지구 지름의 4분의 1이나 된답니다. 그리고 달은 지구를 한 바퀴 도는 것(공전)과 동시에 스스로 한 바퀴 돌아요(자전). 이때 달이 자전하는 데 걸리는 시간과 지구 둘레를 공전하는 데 걸리는 시간이 똑같아서, 지구에서는 늘 달의 한쪽 면만 볼 수 있어요.

○ 달의 크레이터
(운석 충돌 구덩이)

○ 달의 고지
(달에서 밝게 보이는 부분)

얼음의 바다
비의 바다
맑음의 바다
위기의 바다
케플러
코페르니쿠스
고요의 바다
풍요의 바다
구름의 바다
티코

○ 달의 바다
(달에서 어둡게 보이는 부분)

행성은 무엇이고 어떻게 발견되었어요?

사람들은 아주 오래전부터 화성, 수성, 목성, 금성, 토성을 특별한 천체라고 생각했어요. 요일 이름에 이 행성들 이름의 앞 글자를 붙인 것만 봐도 알 수 있지요. 그런데 옛날 사람들은 수많은 별 사이에서 어떻게 이 다섯 행성을 골라냈을까요? 그건 바로 꾸준한 관찰 덕분이었답니다.

별은 지구에서 너무도 먼 곳에 있어요. 그래서 지구가 태양 주위를 공전하면서 위치가 바뀌어도 그 변화는 별까지의 거리에 비하면 아주 작기 때문에 별은 움직이지 않는 것 같아요. 하지만 행성들은 별들에 비해 지구에 아주 가까이 있고, 또 지구처럼 태양 주위를 공전하기 때문에, 지구에서 보면 며칠만 지나도 위치가 많이 달라져 있어요. 마치 행성들이 별들 사이를 누비고 다니는 것처럼 보이지요.

옛날 사람들은 수천 년 전부터 맨눈으로 볼 수 있는 모든 천체들의 위치를 매일 점검했어요. 그래서 고대 사람들도 이 다섯 행성들을 가려낼 수 있었지요. 하지만 토성보다 멀리 있는 행성들은 맨눈으로는 볼 수 없어서 망원경이 발명된 뒤에야 발견되었답니다.

천왕성은 1781년, 영국의 천문학자 허셜이 직접 만든 망원경으로 천체 관측을 하다가 발견했어요. 그리고 그보다 멀리 있는 해왕성과 명왕성은 웬만한 망원경으로도 보이지 않기 때문에 계산을 해서 그 위치쯤에 행성이 있을 거라는 예측이 먼저 나온 뒤 나중에 발견되었지요.

해왕성은 1800년대 초에 영국의 천문학자 애덤스와 프랑스의 천문학자 르베리에가 궤도와 질량을 계산해서 그 위치쯤에 있을 거라고 먼저 예측한 뒤, 1846년에 독일의 천문학자 갈레가 발견했어요. 그런데 해왕성의 궤도가 예측했던 것과 좀 달랐어요. 그래서 천문학자들은 해왕성의 궤도에 영향을 주는 아홉 번째 행성이 있을 거라고 생각하고 이것을 찾기 시작했지요.

1900년대 초 미국의 천문학자 로웰이 아홉 번째 행성이 있을 거라고 예측한 위치 근방에서, 톰보라는 천문학자가 1929년에 명왕성을 발견했어요. 하지만 이것은 우연의 일치였어요. 알고 보니 명왕성은 해왕성의 궤도에 영향을 줄 만큼 큰 질량을 가지지 못했거든요. 천체는 질량이 클수록 다른 천체에 미치는 힘이 강한데, 명왕성은 해왕성에 영향을 미칠 정도로 질량이 크지 않았어요. 결국 2006년 8월 명왕성은 행성이 아닌 왜소행성으로 분류되었답니다.

태양계 이야기 107

명왕성은 왜 행성이 아니라고 해요?

2006년 8월, 국제천문연맹(IAU)에서 명왕성은 행성이 아니라고 발표했어요. 명왕성의 행성 지위를 박탈하게 된 데는 여러 가지 이유가 있어요. 가장 먼저 크기가 달만 하다고 생각되었던 명왕성이 사실은 달 크기의 3분의 2밖에 되지 않는다는 사실이 밝혀졌어요. 그리고 다른 행성들은 거의 원에 가까운 궤도로 태양 주위를 도는데, 명왕성의 공전 궤도는 아주 길쭉한 타원 모양이에요. 그래서 가끔 해왕성의 궤도 안쪽으로 들어가기도 한답니다. 게다가 공전 궤도면이 다른 행성들에 비해 많이 기울어져 있어요.

명왕성의 위성이라고 알려진 카론과의 관계도 이상해요.

다른 위성들은 행성을 중심으로 원에 가까운 모양으로 행성 주위를 도는데, 카론과 명왕성은 서로의 주위를 돌거든요. 그래서 한때는 카론을 위성이 아닌 또 다른 행성으로 보고, 카론과 명왕성을 '이중 행성'이라고 부르기도 했어요.

하지만 카이퍼 벨트에서 명왕성보다도 큰 천체 2003 UB313(미국인들은 '제나'라는 이름까지 붙였어요)이 발견되면서 명왕성의 지위는 흔들리게 되었어요. 명왕성을 계속 행성이라고 부른다면 제나처럼 명왕성보다 큰 천체도 행성이라고 해야 할 테니까요.

그래서 많은 천문학자들은 명왕성을 '왜소행성'으로 분류하기로 결정했어요. 행성의 정의도 새롭게 내렸지요. 태양 주위를 돌면서, 충분히 큰 질량을 가져서 자체 중력 때문에 둥글며, 자신의 궤도 영역에서 소위 '짱'으로 주변의 다른 천체를 물리친 천체를 행성으로 정의했어요. 그리고 명왕성처럼 앞의 두 조건만 만족시키면서 위성이 아닌 천체는 왜소행성으로 분류했어요.

그런데 이와 같은 결정에 대해 미국만은 심하게 반대했어요. 명왕성이 행성 자격을 잃어버리면 미국인들의 자존심이 무너지기 때문이었어요. 명왕성은 미국인이 발견한 유일한 행성이거든요. 결국 국제천문연맹은 2008년 6월에 열린 회의에서 명왕성과 에리스(제나의 정식 이름)를 새로운 천체 부류인 '플루토이드'로 분류하기로 했어요. 플루토이드는 '해왕성 바깥에서 태양을 돌며 주변에 암석형 이웃이 있는 둥근 천체'를 뜻해요. 하지만 어쨌든 태양계의 행성은 명왕성을 뺀 여덟 개로 줄었답니다.

날쌘 행성 수성과 미의 여신 금성

태양에서 가장 가까이 태양 주위를 도는 행성은 수성이에요. 하늘에서는 초저녁 서쪽 하늘이나 새벽 동쪽 하늘에서 잠깐 보이다가 사라져 버려서 관찰하기가 쉽지 않지요. 그래서 고대 그리스에서는 수성을 신발에 날개가 달린 날쌘 헤르메스(소식을 전하는 신)라고 불렀답니다.

수성은 태양에 가까우면서 공기도 없어서 낮에는 약 400℃까지 뜨거워지고 밤에는 약 -170℃까지 차가워져요. 또 곰보투성이인 겉모습만 보면 달과 구별하기 힘들어요. 운석 충돌로 인해 생긴 구덩이인 크레이터가 많기 때문이지요.

최근 미국항공우주국(NASA)의 수성 탐사선 메신저 호가 관측한 결과에 따르면 옛날에 수성에서 격렬한 화산 활동이 일어났을 거래요. 수성의 북극 지역이 화산 활동으로 생성된 평원(평평한 지역)이고, 곳곳의 평원에는 화산 활동 때 가라앉은 물질이 2킬로미터 두께로 쌓여 있어요. 또 태양계에서 가장 큰 크레이터로 알려진 칼로리스 분지는 운석 충돌로 구덩이가 생긴 뒤 화산 활동이 일어나 중심부가 불룩하게 솟아올랐어요.

태양에서 수성 다음에 있는 금성은 로마 신화에 나오는 미의 여신 '비너스'로 불려요. 크기가 지구와 비슷한 금성은 매우 느긋하게 자전할 뿐 아니라 다른 행성과 반대 방향으로 자전해요.

만약 금성에서 해가 뜨고 지는 것을 관찰한다면, 지구에서와는 반대로 해가 서쪽에서 떠서 동쪽으로 지는 것처럼 보일 거예요. 그런데 흥미롭게도 금성은 자전하는 데 걸리는 시간, 즉 하루가 태양 주위를 도는 데 걸리는 시간인 1년보다 길어요. 다시 말해 금성에서 하루는 243일, 1년은 225일이랍니다.

금성은 대기층이 두꺼운 이산화탄소로 덮여 있어서 태양에서 오는 빛을 대부분 반사하기 때문에 무척 밝게 빛나요. 그리고 두꺼운 이산화탄소 층이 온실처럼 작용해서 금성의 표면 온도는 500℃에 가까워요. 이것을 '온실 효과'라고 해요.

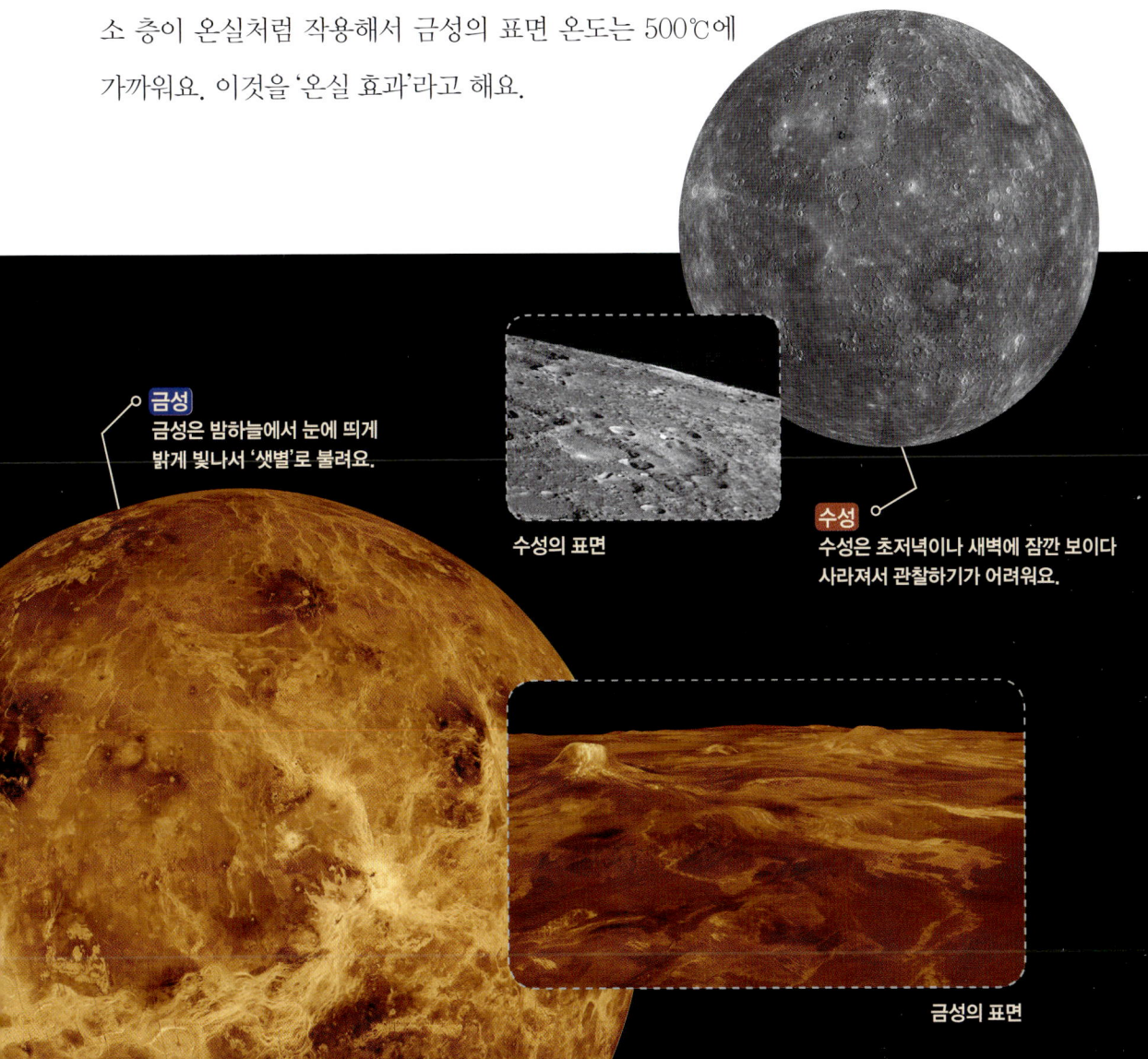

금성
금성은 밤하늘에서 눈에 띄게 밝게 빛나서 '샛별'로 불려요.

수성의 표면

수성
수성은 초저녁이나 새벽에 잠깐 보이다 사라져서 관찰하기가 어려워요.

금성의 표면

전쟁의 신처럼 붉은 행성, 화성

화성은 붉은빛을 띠고 있어서 예로부터 많은 사람들이 전쟁이나 재앙과 연결시켜 생각했어요. 영어 이름인 마르스(Mars)도 로마 신화에 나오는 전쟁의 신 이름이랍니다. 화성이 붉게 보이는 이유는 표면이 불그스름한 자갈과 모래로 덮여 있기 때문이지요.

화성이 스스로 한 바퀴 도는 데 걸리는 시간(자전 주기)은 24시간 37분으로 지구의 하루보다 약간 길어요. 화성은 자전축이 지구와 비슷하게 약 25° 기울어진 채 태양 주위를 공전해 시기에 따라 햇빛을 받는 양이 달라지므로 지구처럼 4계절이 나타난답니다. 하지만 지구보다 바깥쪽에서 태양 주위를 돌기 때문에 화성의 1년은 687일로 지구의 1년보다 길지요. 또 이산화탄소, 질소 등으로 된 옅은 대기가 있어요.

화성 표면에는 달이나 수성처럼 운석 충돌 구덩이인 크레이터가 많고, 거대한 산과 계곡도 발견할 수 있어요. 화성 적도 바로 북쪽에는 방패가 엎어져 있는 모양의 거대한 화산이 4개나 있는데, 그중에서 가장 큰 올림푸스 화산은 태양계 행성 중에서 가장 높은 화산이랍니다. 올림푸스 화산은 주위 평지보다 26킬로미터나 높이 솟아 있어요. 이 높이는 에베레스트 산보다 3배가량 높은 것이지요. 이렇게 높지만 경사는 무척 완만해서 올림푸스 화산을 등산한다면 힘들지 않게 오를 수 있을 거예요.

또 적도 약간 아래에는 매리너리스 협곡이라고 불리는 거대한 계곡이 있어요. 이 협곡의 길이는 4000킬로미터, 폭은 200킬로미터, 깊이는 최대 7킬로미터나 된답니다. 공중에서 내려다보면 마치 화성 표면에 기다란 상처가 난 것처럼 보인다고 해요. 이 협곡이 얼마나 큰지 지구와 비교해 볼까요? 미국 애리조나 주의 거대한 협곡인 그랜드캐니언의 경우 길이가 800킬로미터, 폭이 30킬로미터, 깊이가 1.8킬로미터 정도랍니다. 그러니 얼마나 큰지 짐작이 가지요?

또 화성은 데이모스와 포보스라는 2개의 위성을 거느리고 있어요. 이 위성들은 화성 근처를 서성이던 작은 소행성들이 화성에 붙잡혀 화성 주위를 돌게 된 것이랍니다.

화성

데이모스

포보스

올림포스 화산

매리너리스 협곡

왜 화성을 탐사해요?

〈우주전쟁〉, 〈화성침공〉 같은 영화나 소설에 화성인이 단골손님으로 등장할 정도로 화성은 외계인이 살지도 모른다는 기대가 큰 행성이에요. 1890년대 말 이탈리아의 천문학자 스키아파렐리가 망원경으로 화성에서 자연적 수로를 뜻하는 '카날리'를 발견했다고 주장했고, 이를 운하라고 굳게 믿은 미국의 천문학자 로웰은 화성인이 건설한 대운하 지도까지 만들었어요. 여기에 과학소설(SF) 작가, SF영화 감독이 힘을 합쳐 대운하를 파는 화성인이 존재할 것이라는 믿음을 널리 퍼뜨렸지요.

그래서 화성에 탐사선을 보내기 시작했고 1965년 미국의 탐사선 매리너 4호가 처음 화성에 접근해 표면을 사진으로 찍는 데 성공했어요. 그런데 그 사진에는 운하는 없고 운석 충돌 구덩이만 보였어요. 화성인을 만날 수 있을 거라고 기대했던 사람들은 무척 실망했지요. 하지만 이후 매

리너 9호가 화성 궤도에 진입해 찍은 다양한 사진에는 물이 흘러 파인 듯한 계곡이 확인되었답니다. 드디어 1976년 미국의 쌍둥이 탐사선 바이킹 1, 2호가 생명체의 존재를 확인하기 위해 화성에 착륙했어요. 그러나 이번에도 탐사 결과는 실망스러웠지요. 단순한 화학 반응만 발견할 수 있었기 때문이에요.

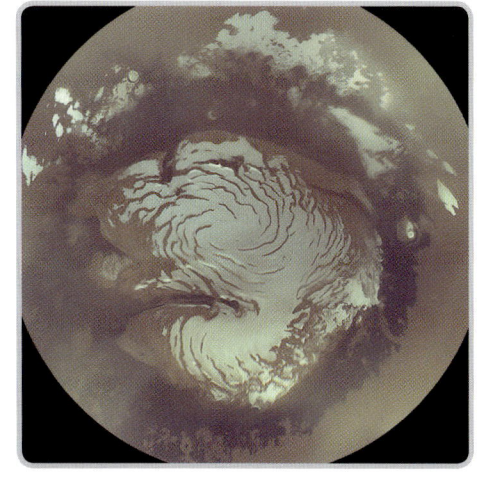

화성의 극관

사실 화성은 하루의 길이가 지구와 비슷하고 계절에 따른 변화도 나타나요. 화성의 북극과 남극에는 하얗게 빛나는 극관도 있는데, 이산화탄소가 얼어서 된 드라이아이스와 수증기가 얼어서 된 얼음으로 이루어져 있지요. 또 곳곳에 물이 흘러 형성된 지형도 있어요. 이것은 과거에는 화성에도 물이 있었다는 뜻이지요. 그래서 사람들은 여전히 화성에서 외계인까지는 아니더라도 미생물 수준의 생명체라도 발견하기를 기대하고 있답니다.

21세기에 들어서면서 화성 탐사는 한층 더 활발해졌어요. 미국항공우

1996년에 발사된 화성 탐사선 패스파인더 호가 촬영한 화성 표면

주국(NASA)에서는 공중에서 고해상도 장비로 얼음층의 증거를 관측하고, 표면을 누비며 탐사할 수 있는 쌍둥이 로봇 차량을 화성에 보냈지요. 바로 스피릿과 오퍼튜니티예요.

 스피릿은 2003년 6월에 발사되어 2004년 1월 4일에 화성의 구세브 분화구에 착륙했고, 오퍼튜니티는 2003년 7월에 발사되어 2004년 1월 25일 메리디아니 평원에 착륙했어요. 스피릿과 오퍼튜니티는 무게 185킬로그램에 바퀴를 6개 가진 작은 자동차 모양의 탐사 로봇 차량(로버)이에요. 카메라와 현미경, 적외선 분석 시설, 로봇 팔 등을 가지고 있고, 미국 항공우주국(NASA)의 원격 조종을 받아 움직였어요.

뛰어난 활약을 보인 화성 탐사 로봇 스피릿 | 화성 탐사 로봇 스피릿과 쌍둥이인 오퍼튜니티

특히 스피릿은 착륙 17일 만에 통신이 끊어졌지만, 66번의 재부팅 끝에 다시 통신을 전해 와 사람들을 기쁘게 했어요. 하지만 2009년 5월 탐사 도중 바퀴가 모래에 빠지는 사고가 발생했고, 결국 2011년 5월 임무를 끝내야만 했어요.

새로운 화성 탐사 로봇 큐리오시티

큐리오시티가 찍은 화성의 돌(왼쪽)은 지구의 돌(오른쪽)과 비슷해요.

반면에 오퍼튜니티는 모래에 바퀴가 빠지는 사고를 당했지만 35일간 애를 쓴 끝에 다행히 모래에서 빠져나왔어요. 하지만 2018년 6월 다시 모래폭풍으로 인해 작동이 정지되었고, 2019년 2월 임무를 끝냈어요.

스피릿과 오퍼튜니티 이후 2007년 8월 화성으로 발사된 탐사선 피닉스는 9개월 뒤 북쪽 극관 근처에 착륙해 물의 존재를 확인할 수 있었어요. 물이 언 얼음 상태라도 화성에서 숨 쉴 때 필요한 산소와 액체산소 연료를 얻을 수 있기 때문에 그 존재는 무척 중요해요.

그리고 2012년 8월에는 큐리오시티라는 이름의 로봇 차량이 화성에 착륙해 생명체의 존재 가능성을 알아내기 위한 탐사 활동에 들어갔어요. 무게 900킬로그램에 길이가 3미터가 넘는 소형 자동차 크기의 큐리오시티는 하루에 200미터까지 이동할 수 있답니다. 큐리오시티는 3차원 파노라마 영상 촬영 카메라, 화성 토양을 현장에서 분석하는 장치 등 10여 종의 첨단 장비를 갖추었어요. 특히 2미터 길이의 로봇 팔을 뻗어 암석 샘플을 채취하거나 레이저를 쏴 암석을 증발시키며 성분을 분석할 수 있답니다.

작은 태양계를 거느린 목성

1610년 이탈리아의 과학자 갈릴레이는 망원경으로 목성을 관찰해 목성 주위를 도는 작은 천체인 위성을 4개나 발견했어요. 바로 이오, 유로파, 칼리스토, 가니메데라고 불리는 위성들이랍니다. 갈릴레이의 4대 위성이라고 불리지요. 이 발견은 모든 천체가 지구를 중심으로 돈다는 생각인 지구 중심설이 틀렸다는 증거가 되었답니다.

4대 위성 중에서 가장 큰 가니메데는 놀랍게도 행성인 수성보다 커요. 그리고 이오에서는 활발한 화산 활동뿐 아니라 지진도 관측된답니다. 미국의 목성 탐사선 갈릴레오는 이오의 화산 분출 장면을 촬영하기도 했는데, 이오에는 400개가 넘는 활화산이 있다고 해요. 또 4대 위성 가운데 가장 작은 유로파는 표면 아래에 액체 상태인 바다가 존재하고 생명체가 살지도 모른다고 기대되는 곳이지요. 유로파 표면에 얼음이 쩍쩍 갈라진 모양이 보이기 때문이에요.

태양계에서 가장 큰 행성인 목성은 지구를 1300개 이상 품을 수 있을 정도로 커요. 질량은 지구보다 300배 이상 무거운데, 태양계 다른 행성들의 질량을 모두 합한 것의 2배나 되지요. 덩치가 커서인지 목성 주변에는 4대 위성 말고도 많은 위성이 돌고 있어요. 지금까지 확인된 위성만 67개랍니다. 목성을 왜 '작은 태양계'라고 하는지 알겠지요?

목성은 주로 수소와 헬륨 같은 가벼운 기체로 구성된 행성의 대표예요. 토성, 천왕성, 해왕성도 마찬가지랍니다. 이 같은 행성을 목성형 행성이라고 해요. 목성형 행성은 여러 개의 위성을 가지고 있고, 규모는 다르지만 모두 고리를 가지고 있지요. 목성도 희미한 고리를 지니고 있어요.

또 목성 표면에서는 마치 거대한 눈동자처럼 보이는 커다란 붉은 점을 발견할 수 있어요. 대적반이라고 불리는 이 붉은 점은 가로 길이가 5만 킬로미터, 세로 길이가 2만 킬로미터로, 그 안에 지구가 5개나 들어갈 정도로 거대해요. 사실 이 붉은 점은 타원 모양의 태풍과 비슷한 거대한 폭풍인데, 목성이 9시간 55분 만에 한 바퀴씩 빠르게 자전하면서 대기에서 생기는 현상이랍니다.

그리고 목성 대기에는 적도와 나란하게 검은 줄무늬와 밝은 줄무늬 10여 개가 번갈아 보여요. 이 줄무늬는 일종의 구름 띠라고 할 수 있답니다.

목성과 그 위성들

목성

이오
유로파
가니메데
칼리스토

멋쟁이 중절모를 걸친 토성

 갈릴레이는 자신의 망원경으로 토성도 관찰했는데, 토성을 '귀가 달린 행성'이라고 생각했다고 해요. 다시 말해 토성의 양쪽 가장자리에 2개의 위성이 가까이 붙어 있다고 착각했던 것이지요. 이것은 당시 망원경의 성능이 떨어져 토성에서 고리를 구분하지 못해서 생긴 이야기랍니다.

 토성에서는 중절모를 쓴 것처럼 보이는 멋진 고리가 가장 돋보이지요. 중절모는 챙이 둥그런 남자용 모자예요. 망원경으로 토성을 본 사람이라면 누구나 멋진 고리의 모습에 반한답니다. 토성의 고리는 얼음, 바위, 먼지 등으로 이루어져 있지요. 처음에는 하나로 된 거대한 고리라고 생각되었지만, 자세히 관측한 결과 여러 개의 고리로 나뉘어 있다는 사실이 밝혀졌어요.

 고리 사이에서는 여러 개의 틈이 발견되었는데, 이 중에서 가장 큰 틈이 '카시니 간극'이에요. 고리의 두께는 1킬로미터를 넘지 않는 반면, 그 폭은 30만 킬로미터가 넘는답니다.

 그렇다면 토성의 고리는 어떻게 생겨났을까요?

 현재 토성 주변을 돌고 있는 크고 작은 위성은 200개 정도나 된다고 추정된답니다. 이들 위성 중에서 일부가 옛날에 토성에 너무 가까이 다가갔다가 '기조력'이라는 힘을 받아 찌그러지다가 결국 산산이 부서졌을 거라고 해요. 이런 일이 반복되면서 부스러기가 많아졌고, 이것들이 토성 주변을 돌면서 고리를 형성했을 것이라고 알려져 있어요.

토성의 위성 중에서 안전한 궤도를 따라 토성 주변을 공전하고 있는 것들은 이름이 붙은 위성 53개를 포함한 62개라고 해요. 그중에서 가장 큰 위성은 바로 타이탄이에요. 타이탄에는 질소, 메탄 등으로 구성된 대기가 있고, 얼어붙은 표면에는 생명체의 씨앗일지도 모르는 유기 물질이 많아요. 그래서 타이탄은 원시 지구와 비슷할 것이라고 해요.

흥미롭게도 토성은 태양계에서 목성 다음으로 큰 행성이지만, 밀도가 매우 낮아서 물에 빠져도 가라앉을 염려가 없어요. 또 토성은 10시간 34분 만에 한 바퀴씩 아주 빠르게 자전하고 있어서 행성 가운데 가장 찌그러진 모양을 하고 있답니다.

토성의 고리 가운데 가장 틈이 넓은 '카시니 간극'

카시니 간극

닮은 것 같지만 서로 다른
천왕성과 해왕성

토성 밖에서 태양 주변을 공전하고 있는 천왕성과 해왕성은 아주 희미한 고리를 가진 가스 행성이에요. 둘 다 푸른색을 띠고 있지요. 또 두 행성의 대기는 수소, 헬륨, 메탄으로 이루어져 있답니다. 이렇게 닮은 점도 있지만 천왕성과 해왕성은 각각 다른 특징이 있어요.

그리스 신화에 등장하는 하늘의 신인 '우라노스'라는 이름을 가진 천왕성은 태양을 한 바퀴 도는 데(공전하는 데) 약 84년이 걸려요. 공전은 매우 느리게 하지만, 자전은 빠르지요. 17시간 14분 만에 한 바퀴씩 자전해요. 특이하게도 천왕성은 거의 옆으로 누운 채 태양 주변을 돌고 있답니다. 그러다 보니 천왕성의 고리는 토성 고리처럼 수평으로 있는 게 아니라 수직으로 서 있어요. 자전축이 98° 가량 기울어져 있기 때문이에요. 과학자들은 아주 오래전에 천왕성에 커다란 물체가 충돌했을 때 자전축이 기울어졌을 거라고 추정해요.

천왕성에는 위성이 27개나 있어요. 이 중에서 미란다, 아리엘, 움브리엘, 티타니아, 오베론이라는 5개의 주요 위성은 오래전부터 알려져 있었어요. 나머지 위성들은 미국의 보이저 2호가 직접 탐사하거나 허블 우주 망원경과 지상 망원경이 발견한 것들이랍니다.

태양에서 가장 멀리 떨어져 있는 행성인 해왕성의 영어 이름인 '넵튠'

은 로마 신화에 나오는 바다의 신인 '넵투누스'에서 딴 이름이에요. 넵투누스는 그리스 신화의 포세이돈과 같은 신이랍니다. 해왕성은 약 165년에 한 번씩 태양 주위를 공전하고, 16시간 6분 만에 한 바퀴씩 자전해요. 빠르게 자전하면서 느리게 공전하는 것은 천왕성과 비슷해요.

해왕성의 가장 큰 위성인 트리톤과 그 뒤로 보이는 해왕성

해왕성에서는 작은 회오리바람이 여럿 발견됐어요. 이것을 보면 대기가 매우 활발하게 움직인다는 사실을 알 수 있지요. 특히 남반구에서는 대암반이라는 거대한 폭풍이 발견된답니다. 크기가 지구와 비슷한 이 폭풍은 어둡게 보이는 게 특징이지요. 또 해왕성에는 트리톤을 포함한 14개의 위성이 있어요.

허블 우주 망원경이 촬영한 천왕성

보이저 2호가 촬영한 해왕성

태양계 행성의
크기, 거리, 운동 비교하기

지구를 포함한 수성, 금성 등 여덟 개의 행성은 태양을 중심으로 그 주위를 돌아요. 이렇게 한 천체가 다른 천체의 둘레를 일정한 시간 간격으로 도는 것을 공전이라고 해요.

우리나라가 위치한 북반구에서 보면 태양계의 행성들은 모두 왼쪽에서 오른쪽 방향으로 돌아요. 즉, 시계 반대 방향으로 돌아요. 하지만 오스트레일리아나 남극 등 남반구에서 보면 시계 방향으로 돌지요.

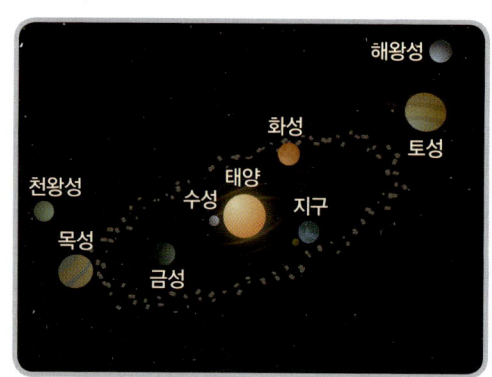

지구를 비롯한 8개의 행성은 스스로 돌면서 태양 주위를 돌아요.

금성은 지구와 반대로 자전하고, 천왕성은 누워서 자전해요.

그런데 태양계 행성들은 스스로 각각 일정한 시간 간격으로 한 바퀴씩 돌아요. 이것을 자전이라고 해요. 태양계 행성의 자전 방향은 북반구에서 보면 대부분 공전 방향과 같이 시계 반대 방향으로 돌아요. 하지만 금성은 시계 방향으로 돌고, 천왕성은 자전축이 공전 궤도면과 나란하게 누워서 자전하기 때문에 자전 방향이 다른 행성과 다르게 보여요.

즉, 태양계 행성은 스스로 돌면서 태양 주위를 돌아요.

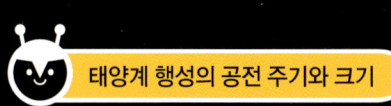 태양계 행성의 공전 주기와 크기

태양계 행성이 태양 주위를 한 바퀴 공전하는 데 걸리는 시간
태양계 행성들이 태양 둘레를 한 바퀴 도는 데 걸리는 시간, 즉 공전하는 데 걸리는 시간은 행성마다 달라요. 태양에서 멀어질수록 한 바퀴 공전하는 데 오랜 시간이 걸려요.

태양계 행성의 크기
태양계 행성의 크기는 매우 다양해요. 지구보다 작은 행성부터 열 배 이상 큰 행성도 있어요. 태양의 크기는 행성보다 훨씬 커요. 태양의 반지름은 약 70만 킬로미터로 지구의 반지름의 109배나 되지요.

○ 태양
크기(반지름) : 69만 6300km

○ 수성
공전 주기 : 0.24년
크기(반지름) : 2440km

○ 금성
공전 주기 : 0.62년
크기(반지름) : 6052km

○ 지구
공전 주기 : 1년
크기(반지름) : 6378km

○ 화성
공전 주기 : 1.88년
크기(반지름) : 3390km

○ 목성
공전 주기 : 11.86년
크기(반지름) : 6만 9911km

○ 토성
공전 주기 : 29.46년
크기(반지름) : 5만 8232km

○ 천왕성
공전 주기 : 84.02년
크기(반지름) : 2만 5362km

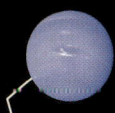
○ 해왕성
공전 주기 : 164.79년
크기(반지름) : 2만 4622km

태양에서 행성까지의 거리
지구에서 태양을 보면 작게 보여요. 지구와 태양 사이의 거리가 멀기 때문이에요. 시속 300킬로미터로 달리는 고속 열차를 타고 지구에서 태양까지 가려면 약 60년이 걸릴 정도로 멀어요. 그런데 태양에서 다른 행성까지의 거리는 수성과 금성을 빼고 지구보다 더 멀지요.

태양에서 지구까지의 거리를 1센티미터로 할 때, 태양에서 각 행성들까지의 거리

태양 / 수성 / 금성 / 지구 / 화성 / 목성 / 토성 / 천왕성 / 해왕성

0 5 10 15 20 25 30

작지만 때로는 위험한 소행성

화성과 목성 사이에는 '소행성대'라는 것이 있어요. 크고 작은 소행성들이 모여서 태양 둘레를 돌고 있지요. 과학자들은 이 궤도에 있는 소행성들을 행성이 되려다 만 찌꺼기들일 것이라고 생각해요. 한데 뭉쳐서 행성이 되려고 했지만, 근처에 있는 목성의 거대한 힘(인력)이 합치지 못하도록 방해하는 바람에 실패했다는 것이지요.

과학자들은 이 지역에 소행성이 100만 개 넘게 있을 것이라고 추측해요. 크기도 수십 미터에서 수백 킬로미터까지 다양하지요. 소행성은 우주 공간에서 떠돌다가 지구 대기권에 진입해 별똥별을 만드는 유성체보다는 크고 행성보다는 작으며, 암석으로 이루어져 있는 천체라고 할 수 있어요.

그런데 종종 신문이나 방송에 보도되듯이 소행성 중에는 지구를 위협하는 것이 있어요. 바로 '지구 접근 소행성'이에요. 2013년 2월 16일 지름 45미터의 소행성 '2012 DA14'는 지구 표면에서 겨우 2만 7700킬로미터 떨어진 고도로 지나갔어요. 방송과 통신을 중계하는 위성이 지구를 도는 고도인 3만 6000킬로미터보다 더 가깝게 통과한 셈이에요.

세계 여러 나라에서는 언젠가 충돌할지 모르는 소행성을 발견하고 감시하기 위해 힘을 모으고 있답니다.

이다

가스프라

행성이 되려다 만 찌꺼기인 소행성의 무리

우주 상식

우리나라 과학자 이름의 소행성들

2004년 3월 6일, 국제천문연맹은 '최무선, 이천, 장영실, 이순지, 허준'의 영문 이름을 소행성 이름으로 사용한다고 최종 승인했어요. 이 소행성들은 2000년~2003년에 우리나라의 보현산 천문대에서 발견해서 한국천문연구원이 그 이름을 제안한 것들이에요. 한국천문연구원은 나중에 또 우리나라에서 소행성을 발견하면 역시 우리나라 과학자의 이름을 붙일 예정이라고 해요.

혜성이 나타나면 왜 떠들썩해요?

밤하늘에 긴 꼬리를 끌며 나타나는 혜성의 모습은 그 자체만으로도 사람들의 관심을 불러일으키기에 충분해요. 게다가 늘 보이는 것도 아니니, 혜성이 나타날 때면 뉴스에서도 소식을 전해 줄 정도이지요. 보통 사람들이야 신기해서 그런다고 하고, 과학자들은 어떨까요?

○ 1986년 핼리 혜성

○ 1995년 헤일 밥 혜성

과학자들도 혜성이 나타나면 매우 분주해진답니다. 아마 보통 사람들보다 훨씬 흥분해서 혜성을 바라볼 거예요. 혜성에는 태양계의 비밀을 풀 수 있는 많은 열쇠가 숨어 있거든요.

맨눈으로는 대개 약간 뿌연 별처럼 보이지만, 망원경으로 보면 혜성의 꼬리가 잘 보여요. 천문대에서 찍은 사진을 보면 꼬리가 두 개씩 있는 모습도 볼 수 있답니다.

이렇게 신기한 모습을 한 혜성은 놀랍게도 눈 덩어리예요. 그것도 암석, 먼지, 얼음 같은 것들이 한데 뭉쳐진 더러운 눈 덩어리이지요. 그리고 원래는 꼬리가 없는데, 태양에 가까이 오면 태양열 때문에 얼음이 증발하면서 대부분이 수증기인 기체가 뿜어져 나와요. 이때 전기를 띤 입자(이온)들은 태양풍 때문에 반대 방향으로 밀려나면서 이온 꼬리를 만들고, 얼음에 섞여 있던 먼지들은 태양빛의 압력 때문에 약간 비스듬한 방향으로 먼지 꼬리를 만들지요. 그래서 혜성에는 이온 꼬리, 먼지 꼬리라는 2개의 꼬리가 있어요.

그럼 눈 덩어리는 어디에서 온 것일까요?

과학자들은 혜성을 구성하는 물질이 태양계가 막 만들어질 때 같이 만들어진 물질이라고 이야기해요. 행성들은 태양계가 만들어진 후 45억 년 동안 계속 변해 왔기 때문에, 행성들에는 처음 태양계가 만들어질 때의 모습이 거의 남아 있지 않아요. 하지만 행성으로 뭉쳐지지 못한 혜성들은 거의 처음 모습 그대로여서, 과학자들은 혜성을 연구해서 태양계의 처음 모습을 알아내려고 하지요. 특히 핼리 혜성은 방문 주기가 76년으로 비교적 길어서 초기 물질이 아직 많이 남아 있는 데다가, 76년마다 꼬박꼬박 방문하기 때문에 과학자들이 좋아하는 혜성이에요.

제 5장
우주 탐사
이야기

우주로 나가려는 사람들의 꿈은 이제 조금씩 현실이 되고 있어요.
지구 위에는 수천 개의 인공위성이 떠 있고, 사람들이 우주 정거장에서 먹고 자며, 우주선이 지구와 우주 사이를 오고 가지요.
이처럼 눈부신 우주 탐사와 개척에 대한 이야기를 지금부터 알아볼까요?

우주 공간, 알고 보면 무시무시한 곳이에요

 '우주 공간'은 무엇을 말할까요? 지구도 우주 안에 있으니까, 지금 우리가 서 있는 공간도 엄밀하게 말하면 우주 공간이에요. 하지만 대부분의 경우 달이나 수성의 표면은 우주 공간이라고 부르지만, 지구의 표면은 우주 공간이라고 부르지 않아요. 왜 그럴까요?

 그 이유는 바로 지구의 표면이 대기권이라는 공기층에 둘러싸여 있기 때문이에요. 먼저 대기권은 지구 표면의 온도를 일정하게 유지해 주지요. 또 우주에서 쏟아지는 유성체 등 여러 위험 요소로부터 지구를 보호해 준답니다. 여기에서는 지구 대기권 너머의 모든 곳을 우주 공간이라고 부를 거예요.

 지구 대기의 보호를 받지 못하는 우주 공간은 매우 끔찍하고 혹독한 곳이랍니다. 굳이 아주 먼 태양계 바깥까지 나가지 않고, 우주 정거장이 떠 있는 높이까지만 나가더라도 우리는 우주복 없이는 단 1초도 살아남을 수 없어요. 먼저 공기가 없으니 숨을 쉴 수가 없겠지요. 하지만 더 끔찍한 일은 따로 있어요. 우리 몸은 지구 표면의 대기 압력에 맞게 적응되어 있기 때문에, 공기가 없는 곳으로 나가면 몸 안의 압력이 몸 바깥의 압력보다 더 커져서 혈관이나 내장들이 터져 버리지요.

 게다가 열을 품거나 내뿜어 지구상 어디에서나 기온을 비슷하게 유지해 주는 공기가 없으니, 햇빛이 비치는 곳은 120℃ 정도로 뜨겁고 햇빛이 비치지 않는 곳은 -120℃로 아주 차가워요. 그리고 지구의 대기권은 태양에서 나오는 여러 가지 빛(전자기파)들 중 생명체에 해로운 자외선, 감마선, 엑스선 등을 대부분 흡수해서 지구 생명체를 보호해 주는데, 우주 공간에서는 그런 것을 기대할 수 없지요.

공기가 없고 온도도 무척 낮아서 우주복을 입지 않고는 살 수 없는 우주 공간

우주 탐사 전쟁의 막이 오르다!

　사람들은 아득한 옛날부터 우주를 동경하고 또 관찰해 왔지만, 우주는 늘 사람의 손이 닿지 않는 먼 세상이었어요. 1900년대 초반에 이르러 비행기가 개발되긴 했지만, 비행기는 지구의 대기권 밖으로 나가지 못하기 때문에 여전히 우주는 갈 수 없는 곳이었지요.

　본격적인 우주 탐사를 위한 노력은 제2차 세계 대전이 끝난 후, 미국과 옛 소련(지금의 러시아)에 의해 시작되었어요. 특히 두 나라는 국가적 자존심을 걸고 먼저 인공위성을 발사하기 위해 있는 힘을 다했지요. 많은 사람들은 미국이 먼저 발사할 것이라고 생각했지만, 결과는 달랐어요. 1957년 10월 4일, 옛 소련이 최초의 인공위성 스푸트니크 1호를 발사하는 데 성공하면서 본격적인 우주 개발 시대가 열렸어요.

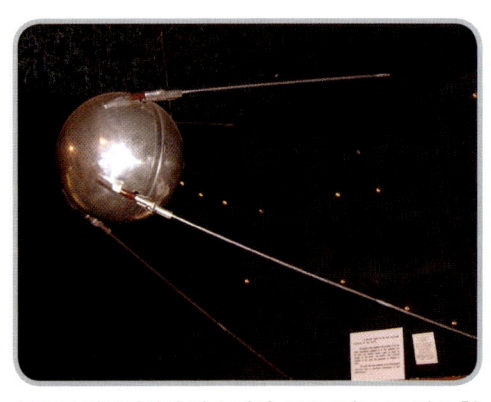

최초의 인공위성인 옛 소련의 스푸트니크 1호의 모형

　'최초의 인공위성 발사'에서 옛 소련에게 진 미국은 사람이 탄 '최초의 유인 우주선'을 개발하기 위해 노력했어요. 하지만 그것마저도 옛 소련에게 지고 말았어요. 1961년 4월 12일, 유리 가가린이라는 우주 비행사를 태운 옛 소련의 유인 우주선 보스토크 1호가 우주 비행에 성공했거든요.

이제 두 나라는 달 착륙을 놓고 경쟁을 벌였어요. 1969년 7월 20일, 아폴로 11호의 달 착륙선 '독수리'가 달에 착륙함으로써, 달 착륙 경쟁은 미국의 승리로 돌아갔어요.

지금도 선진국들은 우주 개발에 열을 올리고 있어요. 저마다 인공위성을 쏘아 올리고 우주 탐사선이나 로켓을 개발하기 위해 많은 돈을 쓰지요.

최초의 유인 우주선인 옛 소련의 보스토크 1호의 귀환 캡슐

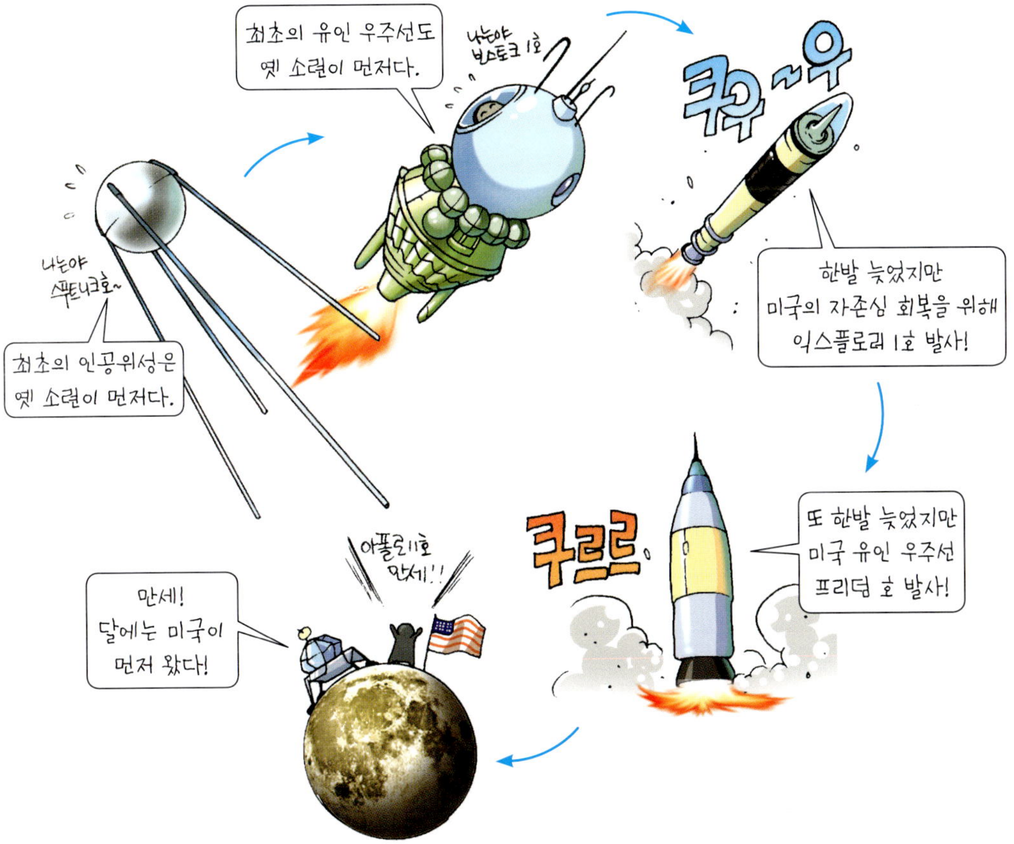

우주 탐사 이야기 135

우리나라 우주 탐사의 역사

우리나라는 어떨까요? 안타깝게도 우리나라는 아직 우주 개발 분야의 선진국이라고 할 수 없어요. 과학 위성인 우리별 1, 2, 3호와 방송 통신 위성인 무궁화 1, 2, 3호 그리고 다목적 실용 위성인 아리랑 1, 2호 등을 만들긴 했지만, 발사대가 없어서 그동안 다른 나라에 부탁해서 발사해 왔거든요.

하지만 우리나라도 좀 늦은 감은 있지만 우주 개발 선진국이 되려고 열심히 노력하고 있어요. 전라남도 고흥에 우주 로켓 발사장이 있는 우주센터(나로 우주센터)를 지어 세계에서 13번째로 우주 로켓 발사장을 가진 나라가 되었지요.

이곳에서 우리나라 최초의 우주 발사체인 나로호를 발사했는데, 2009년과 2010년에 2번의 실패를 겪고 나서 2013년 1월에 3번째 만에 성공했답니다.

2008년에는 우리나라에서도 최초의 우주 비행사가 나왔어요. 전 세계적으로는 475번

우리나라 최초의 우주 발사체인 나로호

째, 여성으로서는 49번째 우주인이 된 이소연 박사가 그 주인공이에요. 이소연 박사는 10일 동안 국제 우주 정거장에 머물면서 여러 가지 우주 과학 실험을 마치고 돌아왔답니다.

나로호 발사에 성공하기까지

2013년 1월 30일 오후 4시, 전라남도 고흥군 '나로 우주센터'에서 한국의 첫 우주 발사체 나로호가 힘차게 하늘로 솟구쳐 올랐어요. 나로호는 위성을 우주로 발사하는 일을 하기 때문에 우주 발사체라고 하지요. 나로호는 발사 후 540초(9분) 만에 싣고 있던 나로과학위성을 분리해 예정된 궤도에 올려놓았고, 다음 날 새벽 3시 28분 카이스트(KAIST) 인공위성연구센터는 이 위성과 교신하는 데 성공했어요. 이로써 전 국민이 나로호 발사가 완벽한 성공을 거두었음을 확인했지요.

나로호는 3번의 발사 끝에 성공할 수 있었답니다. 2009년 1차 발사 때는 발사되긴 했지만, 과학기술위성 2호를 덮고 있던 덮개(페어링)가 제대로 분리되지 않아 위성이 목표 궤도에 오르지 못했어요. 2010년 2차 발사 때는 발사 후 137초 만에 폭발해 버렸답니다.

한국항공우주연구원이 주관해 2003년부터 개발하기 시작한 나로호는 전체 중량이 140톤, 전체 길이가 약 33미터에 이르는 2단 발사체예요. 100킬로그램급 과학위성을 지구 궤도에 올려놓기 위해 1단 로켓(액체연료 엔진)과 2단 로켓(고체연료 엔진)으로 이루어져 있어요. 2단으로 구성된 발사체에서 1단 로켓은 러시아가 개발했고, 2단 로켓과 2단에 실린 위성은 국내 연구진이 개발했지요.

사람보다 먼저 우주여행을 한 동물이 있다고요?

우주여행을 가장 먼저 한 생물은 무엇일까요? 당연히 사람이라고 생각할지 모르지만, '라이카'라는 이름의 개가 옛 소련의 스푸트니크 2호를 타고 가장 먼저 우주로 나갔답니다. 유리 가가린이 우주 비행에 성공하기 3년 반 전인 1957년 11월 3일이었지요.

우주로 발사할 인공위성을 만들었다고 해서 그 안에 바로 사람이 탈 수는 없었어요. 사람이 타지 않은 무인 인공위성은 굳이 지구로 돌아오지 않아도 돼요. 수명이 다하면 그냥 우주 공간에 버려 두어도 상관없지요. 하지만 사람이 타고 있다면 당연히 지구로 무사히 돌아와야겠지요?

그런데 우주선을 지구로 안전하게 돌아오게 하는 기술은 우주선을 지구 밖으로 쏘아 올리는 기술만큼이나 어려워요.

우선 움직이던 방향을 바꾸어서 지구 쪽으로 오려면 추진력이 또 필요해요. 그리고 지구의 대기권에 진입하는 각도가 조금만 어긋나도 대기권 밖으로 튕겨 나가 버리거나, 대기권을 통과하면서 공기와의 마찰 때문에 우주선이 타 버리기 쉬워요. 유성이 대기권을

스푸트니크 2호 모형

통과하면서 타 버리는 것처럼요.

라이카

이런 문제가 해결된다고 해도 다른 문제가 많이 남아 있어요. 우주선은 엄청나게 빠른 속도로 발사되기 때문에, 우주선 안의 물체들도 엄청난 힘을 받아요. 그래서 이 힘으로부터 우주 비행사를 보호하는 여러 가지 장치가 필요하지요. 물론 우주 비행사도 신체를 단련해야 하지만요.

그리고 사람의 몸은 땅 위의 공기 압력에 맞도록 되어 있어요. 따라서 압력이 너무 낮아지면 생명을 잃을 수도 있으므로, 우주선 안의 압력을 일정하게 조절해 주는 기술도 필요하지요. 사람이 탈 수 있을 정도로 우주선을 크게 만드는 것도 어려운 기술이고요.

그런데 이런 기술들을 다 갖추었다고 해도 처음부터 사람을 태워 안전성을 실험할 수는 없어요. 그래서 과학자들은 사람 대신 여러 동물들을 우주선 안에 태워 실험을 했던 거예요. 물론 동물에게도 우주복을 입혔지요. 그리고 몸에 센서를 부착해서 심장 박동과 호흡을 측정했어요.

미국 과학자들은 실험 동물로 원숭이를 골랐고, 옛 소련의 과학자들은 개를 골랐어요. 그리고 프랑스 과학자들은 헥토르라는 이름의 흰 쥐와 펠리세트라는 이름의 새끼 고양이를 골랐지요. 이 중에서 가장 먼저 우주를 구경한 동물은 앞에서 설명한 대로 옛 소련의 개 라이카였답니다.

라이카는 기압 조절도 되고 숨도 자유롭게 쉴 수 있는 최첨단 우주선 안에 있었지만, 우주선이 지구로 돌아오기 전에 죽고 말았어요. 그 후로도 많은 동물들이 우주로 나갔어요. 개구리, 뱀, 물고기는 물론 풍뎅이, 파리, 해파리도 우주 실험에 사용되었다고 해요.

우주 탐사 이야기 139

왜 더 이상 달에 사람을 보내지 않아요?

미국은 1961년부터 인간을 달에 착륙시킨 후 무사히 지구로 돌아오게 하는 아폴로 계획(Project Apollo)을 추진했어요. 그 결과 옛 소련의 가가린이 우주 비행에 성공한 지 8년 만인 1969년에 드디어 달 착륙에 성공했어요. 인류의 오랜 꿈이 실현된 것이지요. 미국은 아폴로 11호의 첫 성공 후 계속해서 아폴로 호를 달에 보내다 1975년 아폴로 17호를 마지막으로 더 이상 달에 사람을 보내지 않았어요. 한 번도 달 착륙에 성공하지 못한 옛 소련도 마찬가지고요. 그 이유는 아직은 성과에 비해 위험이 너무 크기 때문이었어요.

1967년 1월 27일, 세 명의 미국 우주 비행사가 훈련 도중 화재로 목숨을 잃었고, 옛 소련의 우주 비행사도 그로부터 3개월 후에 소유즈 1호 안에서 죽었어요. 옛 소련의 바이코누르 우주 기지에서도 대형 로켓 N-1이 네 번이나 폭발 사고를 일으켰어요. 크고 작은 사고가 끊이지 않았던 것이지요. 그래서 지금 세계는, 사람을 달에 보내는 상징적인 활동보다는 좀 더 구체적인 성과를 낼 수 있는 무인 탐사선 연구에 몰두하고 있답니다.

달을 향해 쏘아 올려지는 아폴로 11호

달에 첫발을 내딛은 아폴로 11호의 우주 비행사

우주 탐사선, 어디까지 갔나요?

1958년 1월 13일, 최초의 우주 탐사선인 미국의 익스플로러 1호가 발사된 이래 벌써 50년 가까운 세월이 흘렀어요. 그동안 많은 나라가 우주 개발에 참여했고, 우주 탐사선도 벌써 100번 가까이 발사되었지요. 그럼 이 우주 탐사선들은 얼마나 먼 우주까지 가 보았을까요? 영화나 만화에 단골로 등장하는 안드로메다은하까지도 가 보았을까요?

좀 실망스럽게 들릴지 모르지만, 인류의 우주 탐사선은 아직 태양계 연구에만 사용되고 있어요. 얼마 전에 보이저 1, 2호와 파이오니어 10, 11호가 명왕성 궤도 너머 태양계의 바깥까지 나간 것이 고작이지요.

50년 동안 그것밖에 발전하지 못했느냐고 말하는 사람도 있겠지만, 사실 다른 행성으로 우주 탐사선을 보내는 것은 매우 어려운 일이에요. 달에 가는 것과는 비교도 되지 않을 정도로 까다롭답니다.

길 찾기도 어려워

지구와 달 그리고 다른 행성들이 한자리에 멈추어 있다면, 행성 탐사는 훨씬 쉬울 거예요. 가려고 하는 목표 행성까지 똑바로 로켓을 쏘아 올려서 우주 탐사선을 보내면 될 테니까요.

그런데 지구도 다른 행성들도 모두 태양 주위를 공전하고 있어요. 공전

2013년 9월 태양의 영향권인 태양권을 벗어나 성간 공간으로 진입한 것으로 확인된 보이저 1호

궤도의 반지름도, 공전 속도도 모두 다르고요. 지구 주위를 공전하는 달까지 가는 건 그나마 쉬워요. 달까지 가는 데는 3일밖에 안 걸리므로 달이 3일 후에 가 있을 곳으로 우주 탐사선을 발사하면 되니까요.

그런데 다른 행성까지 가는 시간은 이보다 훨씬 오래 걸려요. 지구 바로 바깥에 있는 화성까지 가는 데도 260일 정도의 시간이 걸리고, 그 다음에 있는 목성까지는 2년 가까운 시간이 걸리지요. 어떤 길을 따라 어떤 속도로 가느냐에 따라 시간이 많이 달라지기도 하고요.

그렇다 보니 우주 탐사선이 행성에 도착할 즈음에 그 행성이 정확하게 어느 위치에 있을지, 즉 처음에 정확하게 어느 방향으로 우주 탐사선을 발사해야 할지 계산하는 것도 보통 일이 아니에요.

우주 탐사 이야기 143

속도와 연료 문제 먼저 해결해야

　태양계를 벗어나서 다른 항성계까지 가려면 엄청나게 먼 거리를 가야 해요. 가장 가까운 센타우루스자리 프록시마 별까지의 거리만 해도 4.3광년이나 되기 때문에, 지금까지 만든 탐사선 중 가장 빠른 보이저 호로 간다고 해도 8만 년이나 걸리지요. 광속(빛의 속도)의 절반이나 되는 빠른 속도로 가야만 10년 안에 도착할 수 있어요. 보이저 호의 속도가 광속의 2만 분의 1이라는 것을 생각하면, 정말 무시무시한 속도가 필요하다는 사실을 알 수 있지요?

　광속의 100분의 1이라도 되는 속도를 내려면 지금까지 사용했던 것과는 전혀 다른 추진 기술이 필요하기 때문에, 과학자들은 여러 가지 방법을 고안했어요. 제일 먼저 발표된 것은 원자 폭탄을 이용하는 방법이었어요. 하지만 위험해서 적극적으로 연구되지는 않았어요.

　그리고 연료 부족도 문제예요. 지구에서 연료를 싣고 가는 대신 연료를 우주 공간에서 얻는 방법, 태양풍을 이용하는 방법이나 레이저를 쏘아서 에너지를 얻는 방법 등이 연구되고 있지만, 모두 가까운 시일 내에 성공할 것 같지는 않아요.

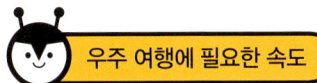

사람이 만든 위성, 인공위성

태양계에서 위성이 가장 많은 행성은 무엇일까요? 태양계 이야기를 읽은 친구들이라면 얼른 "목성!"이라고 대답할 거예요. 목성의 위성은 67개나 되니까요. 하지만 사람이 만든 위성, 즉 '인공위성'까지 계산에 넣는다면 목성도 지구를 따라올 수 없을 거예요. 지구 주위에는 수천 개나 되는 인공위성이 돌고 있으니까요.

인공위성들은 맡은 임무에 따라 기상 관측 위성, 과학 위성, 통신 위성, 정찰 위성 등으로 나뉘어요. 그리고 목적에 따라 떠 있는 위치도 달라요. 높이를 기준으로 하면 극궤도 위성, 저궤도 위성, 정지 위성 등으로 나눌 수 있지요.

어디서든 들고 다니면서 볼 수 있는 텔레비전 시대를 연 디지털 멀티미디어 방송(DMB)이 가능해진 것은 통신 위성 덕분이에요. 통신 위성은 지구 적도 위 약 3만 6000킬로미터 높이에 떠 있으면서, 지구의 넓은 부분에서 정보를 수집해 다른 곳으로 보내 주지요.

이런 통신 위성들은 정지 위성이라고 불리기도 해요. 이 위성들의 공전 주기가 하루이기 때문이에요. 지구와 같은 속도로 도니까, 지구에 있는 사람이 보면 그냥 한자리에 정지해 있는 것처럼 보이겠지요? 하지만 이건 어디까지나 망원경으로 보았을 때의 이야기이고, 맨눈으로는 정지 위

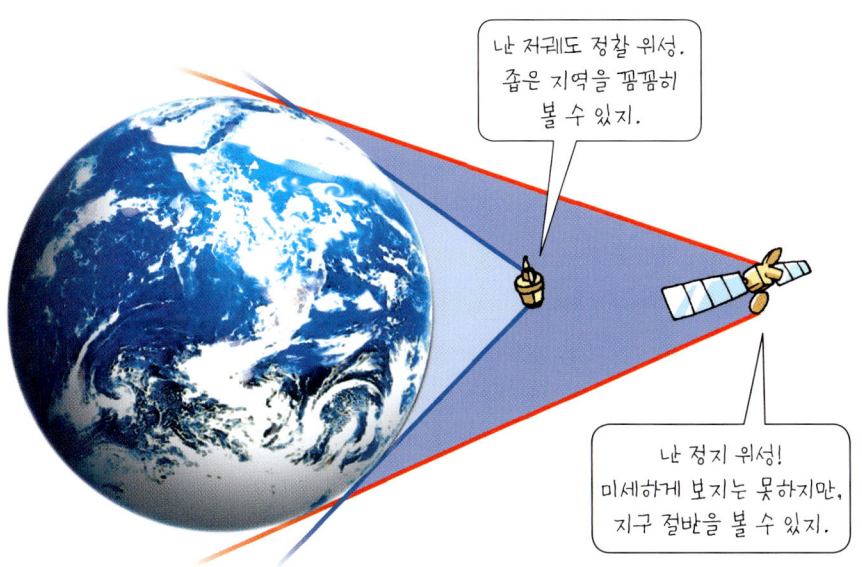

성을 볼 수 없어요. 정지 위성들은 모두 크기가 작고(작은 것은 가로, 세로, 높이가 각각 1미터도 되지 않고, 큰 것이라고 해도 수 미터가 고작이에요), 너무 멀리 있기 때문에 눈에 보이지 않지요.

우리가 맨눈으로 볼 수 있는 인공위성은 주로 100킬로미터 높이에서 도는 정찰 위성들이에요. 목표 지점을 자세히 보려면 낮은 곳에서 활동할수록 좋기 때문에 이렇게 낮은 곳에서 돌지요.

그런데 낮은 곳에서 고도를 유지하려면 매우 빨리 돌아야 해요. 속도가 느리면 지구의 인력 때문에 자꾸 아래로 떨어지니까요. 그래서 이렇게 낮은 곳에서 도는 인공위성들은 하루에 지구를 14바퀴씩 돌기도 해요. 그 덕분에 맨눈으로도 움직임을 잘 볼 수 있어서, 종종 UFO(유에프오)로 오해받기도 하지요.

관측 활동을 하는 인공위성들은 정찰 위성보다 넓은 지역의 정보를 수집해야 하기 때문에, 700~1000미터 높이에서 돌아요. 위치 추적을 하는 위성은 이보다 더 높은 약 2만 킬로미터 높이에서 활동하지요.

우주의 셔틀 버스, 우주 왕복선

우주에도 셔틀 버스 같은 것이 필요해요. 우주 정거장에도 한 승무원이 계속 있을 수 없으므로 여러 사람이 번갈아 가며 있어야 하고, 우주인의 생활이나 실험에 필요한 물건들도 실어 날라야 하니까요. 이런 역할을 하는 우주의 셔틀 버스가 바로 우주 왕복선이에요.

우주선을 쏘아 올리는 로켓과 비행기를 합쳐서 만든 우주 왕복선은 한 번 쓰고 버리는 것이 아니에요. 지구와 우주 정거장 사이를 계속 왔다 갔다 해야 하므로 여러 번 다시 쓸 수 있어야 하지요. 따라서 다음 우주 비행을 하기 전까지 혹시라도 고장이 나거나 잘못된 부분들이 없는지 찾아서 정비해야 해요. 우주 왕복선이 한 번 비행하고 돌아오면 7000명이나 되는 사람들이 3달 이상 정비해야 다시 우주로 나갈 수 있었어요.

최초의 우주 왕복선은 1977년에 개발된 엔터프라이즈 호였지만 우주로 나가지는 못했어요. 진정한 의미의 첫 번째 우주 왕복선은 1981년에 2명의 우주 비행사를 태우고 이틀 동안 지구를 37바퀴 돈 뒤 돌아온 컬럼비아 호였어요. 그 뒤를 이어 1983년에는 두 번째 우주 왕복선 챌린저 호가, 1984년에는 디스커버리 호가 비행을 시작했어요.

2011년 마지막 비행을 마친 아틀란티스 호의 은퇴를 끝으로 1981년부터 30년간 이어져 온 우주 왕복선 시대는 막을 내렸어요.

우주 왕복선은 우주 공간을 날아가는 비행 물체인 우주선의 한 종류예요. 우주 왕복선뿐만 아니라 탐사선, 인공위성 등도 우주선에 포함되지요.

● 부지런히 지구와 우주 정거장을 오가며 임무를 수행한 마지막 우주 왕복선 아틀란티스 호(2011년 7월 은퇴)

우주 정거장은 왜 필요해요?

지구에 사는 우리는 지구의 중력에 익숙해져 있어요. 그런데 무중력 상태에서는 지상에서와는 다른 현상을 볼 수 있기 때문에 과학자들은 사람들의 생활에 도움이 되는 연구를 많이 할 수 있어요.

무중력 상태를 만들 수 있는 가장 좋은 방법은 바로 우주 공간으로 나가는 것이지요. 그래서 우주 과학자들은 아예 우주에 띄워 놓고 오랜 기간 작업하고 생활할 수 있는 실험실을 만들기 시작했어요. 이런 곳이 있으면 우주선이 머물면서 연료를 넣을 수도 있고 천문대, 공장, 작업실, 창고 등으로 활용할 수도 있겠지요? 과학자들은 이런 곳을 '우주 정거장'이라고 불렀어요.

우주 과학자들이 바라는 진정한 의미의 우주 정거장은 1986년에 옛 소련이 쏘아 올린 '미르'에서부터 시작되었어요. 생활 공간, 작업 공간, 운송 공간, 연결 공간 등 총 8개의 모듈로 이루어진 미르는 15년 동안 우주 공간에 머무르면서 많은 실험에 이용된 뒤 2001년 3월 23일, 남태평양의 바다에 추락하며 임무를 마쳤어요.

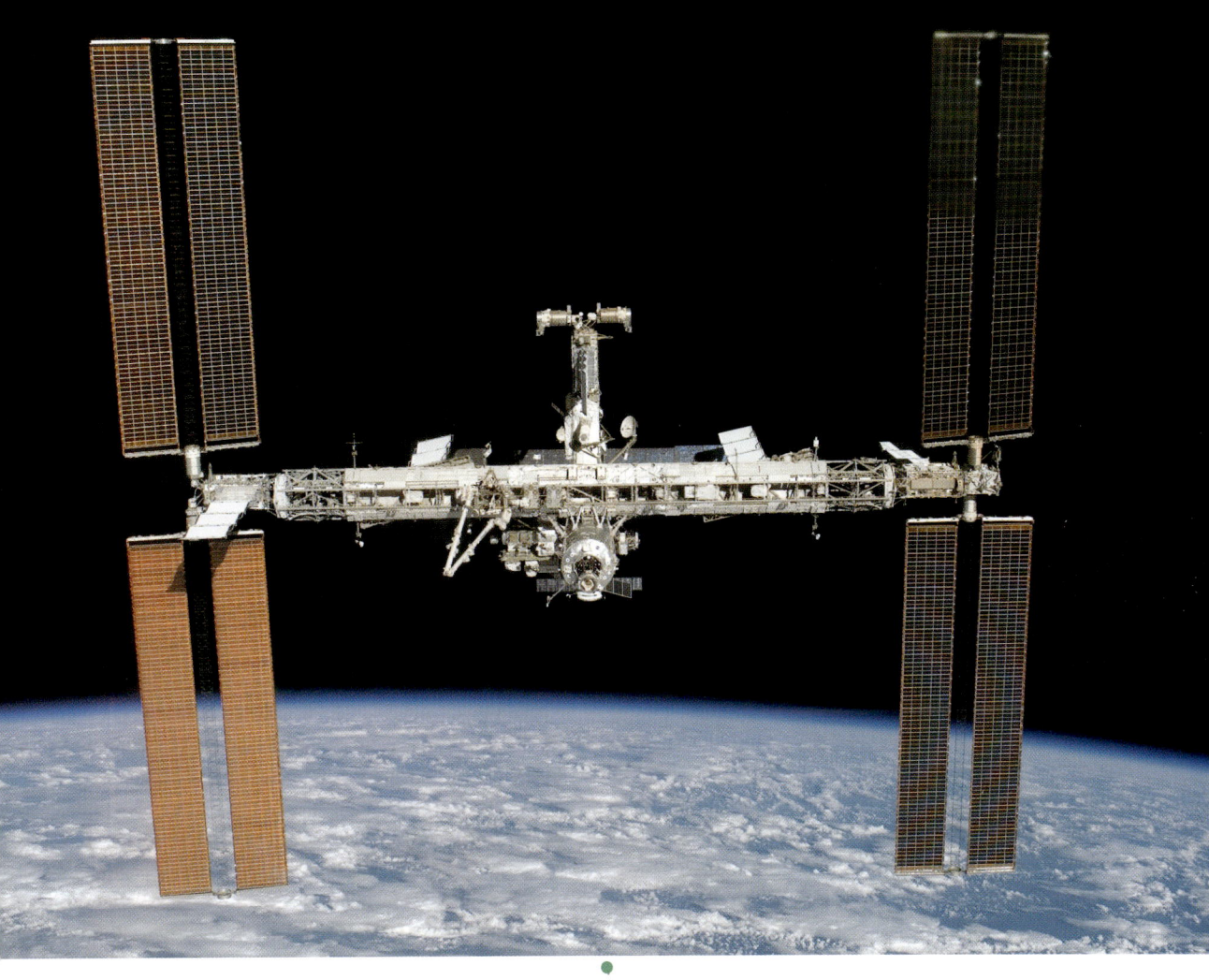

현재 우주 공간에 건설 중인 국제 우주 정거장의 일부. 태양 전지판을 제외한 구조물들을 '모듈'이라고 하는데, 각각 다른 기능을 하는 모듈을 땅에서 만든 뒤 우주에서 조립해서 국제 우주 정거장을 건설하고 있어요.

우주 탐사 이야기 151

우주 비행사가 되려면 어떻게 해야 돼요?

일단 우주 비행사가 되려면 건강해야 해요. 우주선을 쏘아 올릴 때 받게 될 엄청난 힘을 견디려면 강한 체력을 지녀야 하니까요.

그 힘을 이겨 내고 무사히 우주 공간으로 나간다고 해도 문제가 끝나는 건 아니에요. 무중력 상태는 '우주 멀미'를 나게 하고, 근육을 약하게 만들며 뼈와 뼈 사이를 벌어지게 하거든요. 우주 멀미는 우주 비행사가 비행을 시작한 지 1~3일째에 걸리는 우주병의 하나예요. 마치 뱃멀미를 하는 것처럼 어지럽고 메스꺼워 구역질이 나지요.

우리 몸은 지구의 중력에 맞게 설계되어 있기 때문에, 중력이 사라져 버리면 하나부터 열까지 힘들어지게 마련이에요.

지구로 돌아온 다음에도 문제는 남아 있어요. 무중력 상태에 적응했던 몸이 다시 중력에 적응해야 하니까요. 우주에서 막 돌아온 우주 비행사는 처음에는 제대로 서 있지도 못한다고 해요. 몸 상태가 다시 지구의 환경에 맞게 변하는 데는 몇 주 정도의 시간이 걸린대요.

이 외에도 우주 비행사의 훈련을 맡은 러시아의 가가린 훈련 센터에서는 외국어 능력, 과학 실력 등과 함께 협동과 화목 등 '정신력'도 중요하게 여긴다고 해요. 우주 공간에서는 언제 어떠한 비상사태가 벌어질지 아무도 알 수 없기 때문이에요.

2008년 4월 우리나라 최초로 이소연 박사가 우주 비행사로 뽑혔어요. 이소연 박사는 소유즈 우주선을 타고 국제 우주 정거장으로 가서 과학 실험 임무를 수행하고 돌아왔어요. 이로써 우리나라는 우주에서 과학 실험을 한 10번째 나라가 되었답니다.

생활 속에 파고든 우주 기술

우주 기술이 계속해서 발전하면서 우리 일상생활 모습도 예전과 많이 달라졌어요. 우주 과학에 필요해서 개발한 기술들이 우리 생활 속에 많이 응용되고 있기 때문이에요.

우리가 사용하는 일상용품 가운데 우주 과학 기술이 적용된 것들에는 어떤 것들이 있는지 한번 살펴볼까요?

아폴로 착륙선의 안테나에 사용된 형상기억합금(온도가 올라가면 원래의 형태로 되돌아옴)을 활용한 브래지어

우주 탐사선에서 간단하게 음식을 조리하기 위해 개발된 전자레인지

마실 물 때문에 개발된 이온여과장치 기술이 사용된 정수기

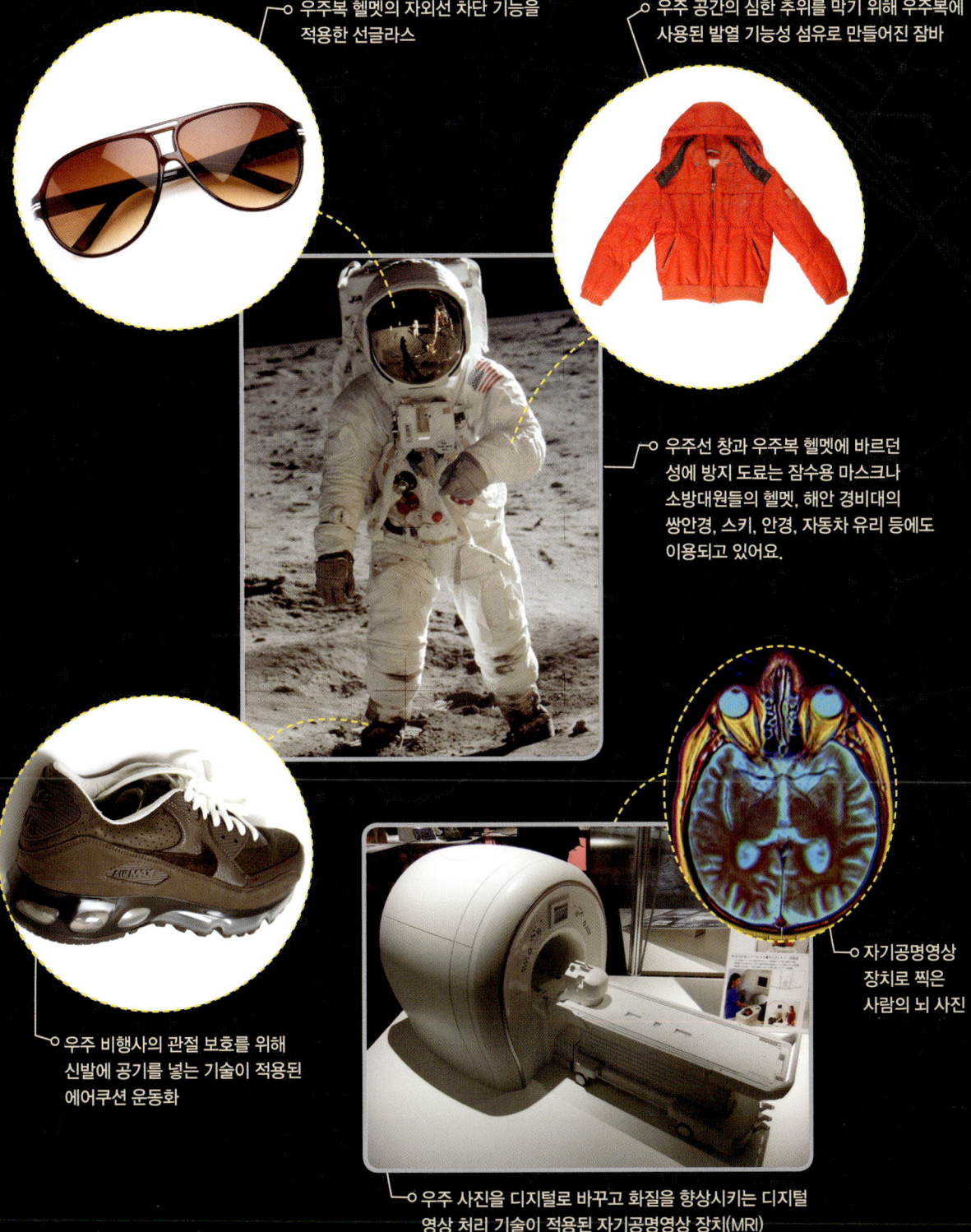

제 6장
우주 이야기

밤하늘에 흐르는 별의 강인 은하수가 사실은
우리 은하의 일부라는 것을 알고 있나요?
우주는 수많은 별들이 모인 은하가 다시 수없이
많이 모여서 이루어져요.
태양계를 넘어 은하와 우주에 대해 더 알아보러 함께 떠나요.

우주를 이루는 기본 단위가 별이 아니라 은하라고요?

우주를 이루는 기본 단위는 무엇일까요? 별들이 무리 지어 성단을 이루듯이 은하들도 서로 무리 지어 우주 여기저기에 모여 있어요. 그래서 과학자들은 우주를 이루는 기본 단위를 별이 아니라 은하라고 설명한답니다. 우주의 특성을 파악하려면 은하가 어떻게 모여 있는지, 은하가 어떻게 움직이는지 등을 연구해야 해요.

우주 전체에는 수천만 개의 별을 포함한 왜소 은하부터 100조 개의 별을 가진 거대 은하까지 약 1000억 개나 되는 은하가 존재한다고 추정돼요. 어때요, 우주는 정말 상상할 수 없을 정도로 크지요?

그렇다면 지구는 우리 은하의 어디에 위치할까요? 지구를 포함한 태양계는 우리 은하의 중심에서 약 3만 광년 떨어진 곳에 있어요. 우리 은하는 지름이 약 10만 광년에 이르는 커다란 원반 형태에 소용돌이처럼 생긴 나선 팔을 여러 개 가지고 있어요. 10만 광년이란 빛의 속도로 날 수 있는 우주선을 타고 간다고 해도, 우리 은하를 통과하는 데만 약 10만 년이 걸린다는 뜻이랍니다.

태양은 은하 중심의 주위를 약 2억 년에 한 바퀴씩 돈다고 해요. 그러니까 공룡들이 살았던 중생대부터 친다면 지금까지 태양은 은하를 한 바퀴 돈 셈이랍니다.

은하가 모여 있는 개수에 따라 은하단 또는 은하군이라고 불러요. 은하단은 은하군보다 더 많은 은하를 포함하고 있어요.

달이 없는 여름밤, 불빛이 없는 시골에서는 밤하늘을 희뿌옇게 가로지르는 은하수를 볼 수 있어요. 이 은하수가 사실 지구에서 바라본 우리 은하의 옆모습이에요. 희뿌옇게 보이는 부분은 우리 은하에 속해 있는 별들이 모여 있는 곳이고요.

우리 은하에는 2000억~4000억 개의 별들이 있어요.

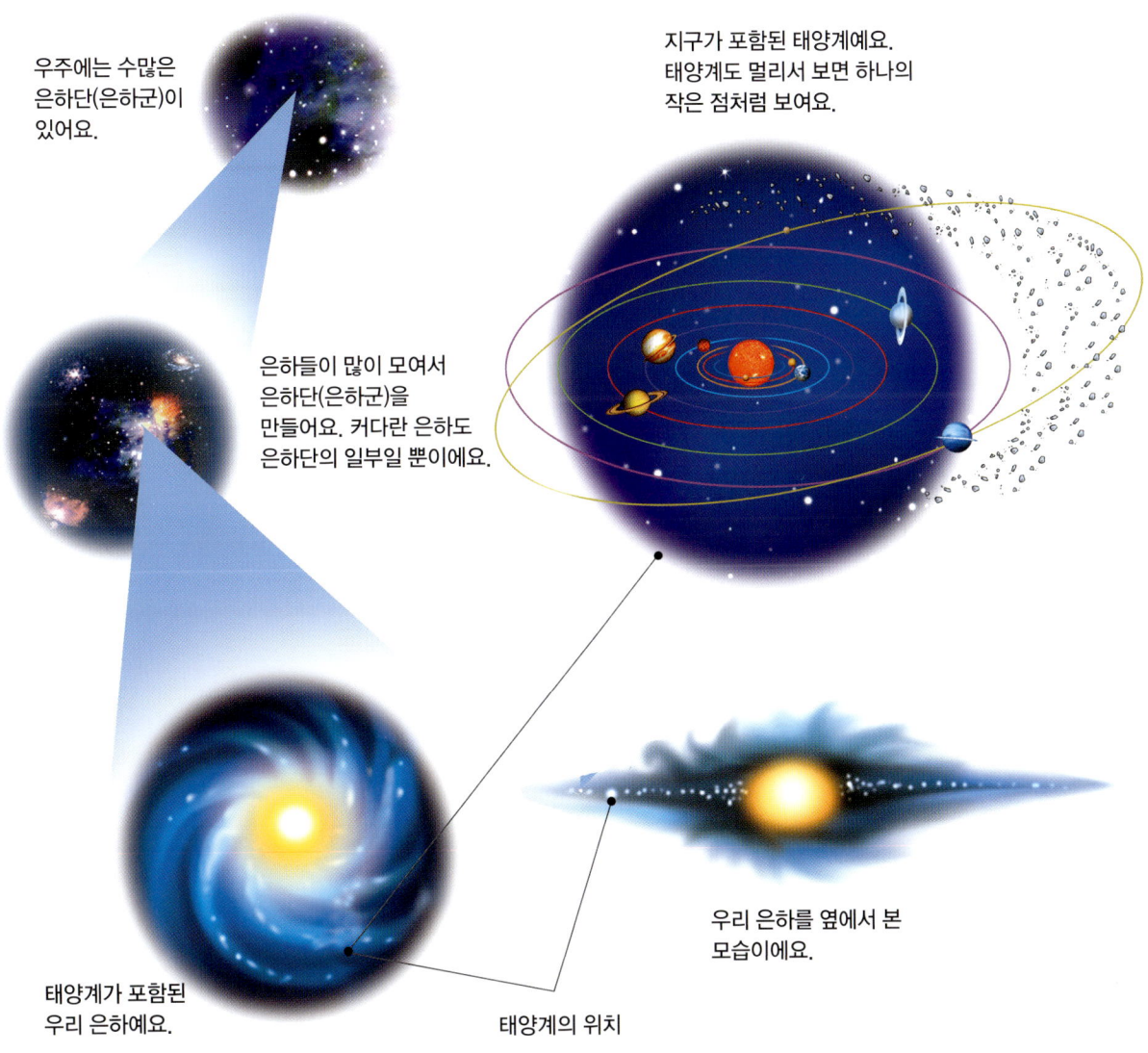

우주에는 수많은 은하단(은하군)이 있어요.

지구가 포함된 태양계예요. 태양계도 멀리서 보면 하나의 작은 점처럼 보여요.

은하들이 많이 모여서 은하단(은하군)을 만들어요. 커다란 은하도 은하단의 일부일 뿐이에요.

태양계가 포함된 우리 은하예요.

태양계의 위치

우리 은하를 옆에서 본 모습이에요.

빅뱅이 우주 대폭발이라고요?

빅뱅이라고 하면 가수가 더 유명하지만, 사실 빅뱅은 우주가 대폭발로 태어났다는 것을 표현한 말이에요.

빅뱅이란 아이디어와 말은 어떻게 나왔을까요?

1929년 벨기에의 사제 조르주 르메트르는 허블이 발견한, 우주가 팽창한다는 사실에 대해 곰곰이 생각했어요. 현재의 우주 팽창을 과거로 되돌리면 어떻게 될까 하고요. 르메트르는 모든 물질이 아주 먼 과거에 '원시 원자'라고 불리는, 매우 밀도가 높은 상태에서 터져 나왔다고 결론을 내렸답니다. 이것이 바로 빅뱅의 아이디어였어요.

1948년 러시아 출신의 미국 물리학자 조지 가모프는 빅뱅 초기의 모습을 처음으로 정확하게 설명하는 논문을 발표했어요. 논문에 따르면 초기 우주는 온도와 밀도가 높은 '원시 불덩이' 상태였는데, 팽창하면서 점차 식었다고 해요.

가모프는 초기 우주에서 만들어진 수소와 헬륨과 같은 가벼운 원소가 현재 우주의 대부분을 차지하고, 초기 우주의 흔적으로 '우주 배경 복사'가 존재한다는 놀라운 내용을 예측했답니다. 실제로 이 두 가지 예측은 모두 사실로 확인되었어요.

하지만 가모프의 이론은 처음에는 푸대접을 받았지요.

1948년 영국의 천문학자 프레드 호일은 우주가 특이한 한 점에서 대폭발했다는 사실이 못마땅해, 우주가 예나 지금이나 변함없다는 이론(정상우주론)을 제기했어요. 당시 정상우주론은 각광을 받았고, BBC 방송에 출연한 호일은 가모프의 이론을 "어느 날 갑자기 우주가 '빵' 하고 대폭발했다(빅뱅, big bang)는 이론이다."라며 비아냥거렸다고 해요. 빅뱅이라는 이름은 이때부터 사용되었답니다. 빅뱅 이름을 지은 사람이 빅뱅 우주론의 경쟁자였다는 사실이 흥미롭네요.

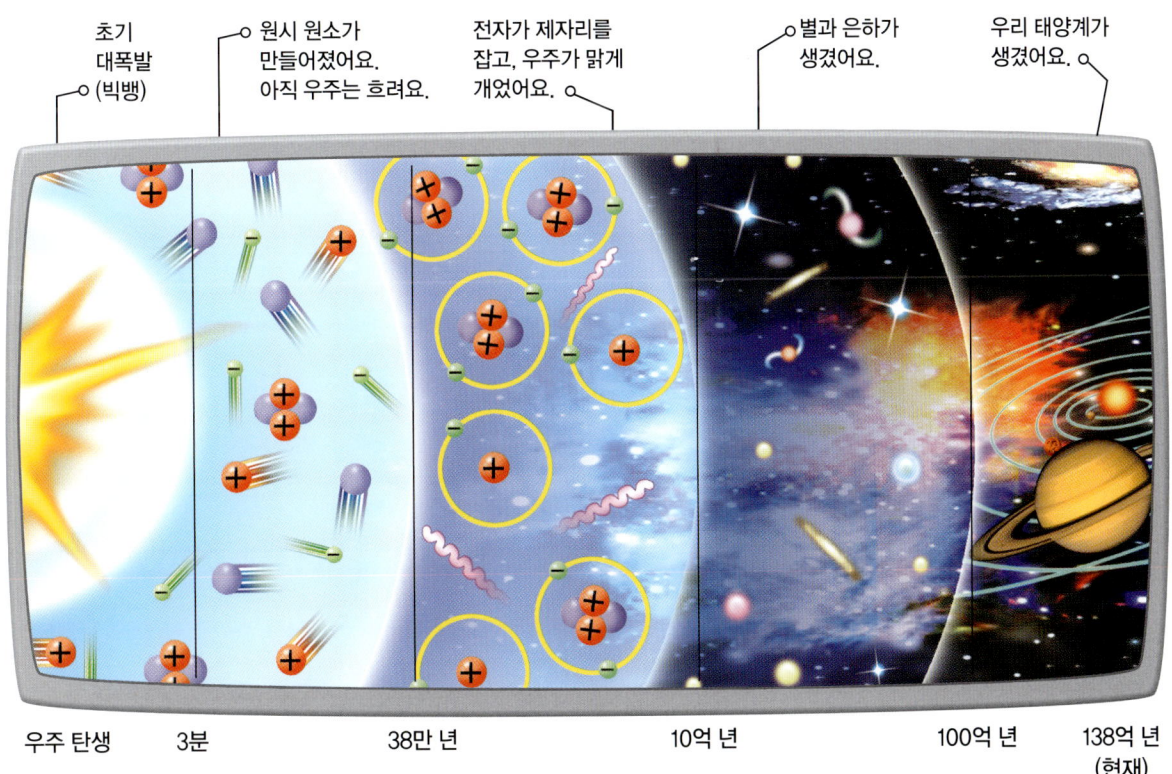

신기한 별의 일생

모든 별들은 차가운 가스와 먼지가 구름처럼 모여 있는 '성운'이라는 곳에서 태어나요. 성운에서는 가스가 99%를 차지하고 먼지가 1% 정도를 차지한다고 해요. 가스를 이루는 것은 대부분 수소와 헬륨이에요.

이렇게 탄생한 별은 일생의 대부분을 수소를 태우며 보내요. 태양과 비슷한 질량의 별은 70억~90억 년 정도 수소를 태운다고 해요.

별의 중심부에서 수소가 다 타고 나면 재라고 할 수 있는 헬륨이 많이 쌓여요. 이렇게 쌓인 헬륨이 중력에 의해 중심부로 끌어당겨지면서 별의 중심부가 뜨거워지고 별의 바깥 부분이 풍선처럼 급격히 부풀어 오르지요. 그러면 풍선이 갑자기 부풀면 풍선 안의 온도가 내려가는 것처럼, 별의 표면 온도도 내려가게 되어 별은 붉은색으로 변해요.

이렇게 부풀어 올라 거대해진 붉은 별을 '적색 거성'이라고 해요.

별은 질량에 따라 죽을 때 마지막 모습도 달라요. 태양과 비슷한 질량의 별은 부풀어 오르던 바깥쪽의 가스가 우주 공간으로 급격히 날아가서 '행성상 성운'을 만들고, 중심에 있던 무거운 잿더미는 '백색 왜성'이란 별이 되어 점점 식어 가요. 태양 질량보다 10배 정도 무거운 별은 중성자별로 최후를 맞이하지요. 그리고 태양 질량보다 30배 정도 무거운 별은 모든 것을 빨아들이는 블랙홀로 변한답니다.

별은 성운에서 태어날 때 보통 무리지어 태어나지요. 같은 시기에 같은 장소에서 태어난 별이 무리를 이룰 때, 이를 '성단'이라고 해요.

 **별의 일생**

 성운의 먼지와 가스가 빽빽하게 뭉치면서 중심 부분이 매우 뜨거워져요.

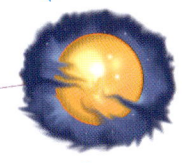 성운 안에서 아기 별이 태어나요.

수십억 년 동안 수소 핵융합 반응으로 에너지를 내면서 빛나요.

 오리온대성운

성운은 별들의 고향이라고 할 수 있어요. 예를 들면 오리온대성운, 황소자리성운에서 별들이 많이 태어나요.

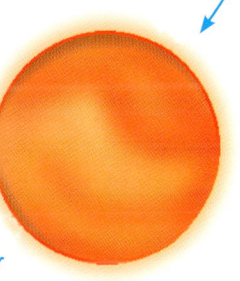 별 중심 부분의 수소를 많이 쓰고 나면, 커다랗게 부풀어서 적색 거성이 돼요. 적색 거성은 온도는 낮지만 워낙 커서 밝게 보여요. 태양보다 크지요. 오리온자리의 베텔게우스, 전갈자리의 안타레스는 적색 거성이에요.

 적색 거성의 바깥쪽이 폭발로 날아가면서 고리 모양의 행성상 성운을 만들어요.

폭발하는 적색 거성

 태양과 비슷한 질량인 별의 중심 부분은 점점 수축해서 백색 왜성이 돼요.

백색 왜성이 점점 차가워지면 빛을 내지 못해서 어두워져요.

검은 구멍, 블랙홀이 뭐예요?

과학자들은 태양 질량보다 30배 정도 무거운 별은 모두 타고 남은 뒤에 모든 것을 빨아들이는 블랙홀이 된다고 말해요.

블랙홀은 중력이 너무 커서 우주에서 속도가 가장 빠른 빛조차 빠져나오지 못하기 때문에 검게 보여요. 또 주변의 모든 것을 구멍 속으로 빨아들이기 때문에, '검은 구멍'이라는 영어 단어인 블랙홀(Black Hole)이라는 이름이 아주 그럴듯하게 어울리지요.

모든 것을 빨아들이는 블랙홀과는 반대로, 모든 것을 내놓기만 하는 천체를 '화이트홀'이라고 해요. 화이트홀은 블랙홀로 빨려 들어간 물질이 '벌레 구멍'이란 뜻의 '웜홀(Worm Hole, 우주 내의 통로)'을 통해 빠져나가는 출구로 추정돼요. 아직까지 이론으로만 알려져 있어요.

블랙홀은 전혀 빛을 내보내지 않기 때문에 정말 발견하기 힘들어요. 세계적인 물리학자 스티븐 호킹 박사도 "블랙홀을 찾는 것은 깜깜한 지하 석탄 창고에서 검은 고양이를 찾는 것과 같다."라고 했을 정도니까요. 하지만 블랙홀도 자기의 위치를 알려 주는 힌트를 우리에게 던져 주지요.

우주의 많은 별들은 쌍성을 이루어요. 가까이 있어서 서로의 주위를 도는 두 별을 '쌍성' 또는 '짝별'이라고 해요. 쌍성 중 하나가 블랙홀이라면, 가까이 있는 다른 별의 가스가 블랙홀 쪽으로 원반 모양을 만들면서 빨려 들어가요. 그런데 이때 원반 물질이 아주 빠른 속도로 소용돌이치면서 빨려 들어가기 때문에 온도가 수백억 도까지 올라가요. 이렇게 뜨겁고 빨리 움직이는 물질은 엑스선처럼 에너지가 강한 전자기파를 내보내지요. 이를 통해 블랙홀의 존재를 알 수 있어요.

하지만 별이 내보내는 엑스선은 지구 대기를 통과하지 못하기 때문에, 어떤 별이 엑스선을 내뿜고 있는지 확인하려면 대기권 밖으로 나가야 해요. 그래서 1970년 12월, 최초의 엑스선 우주 망원경인 '우후루'가 우주 공간으로 발사되고 나서야 블랙홀 후보들을 찾을 수 있었지요.

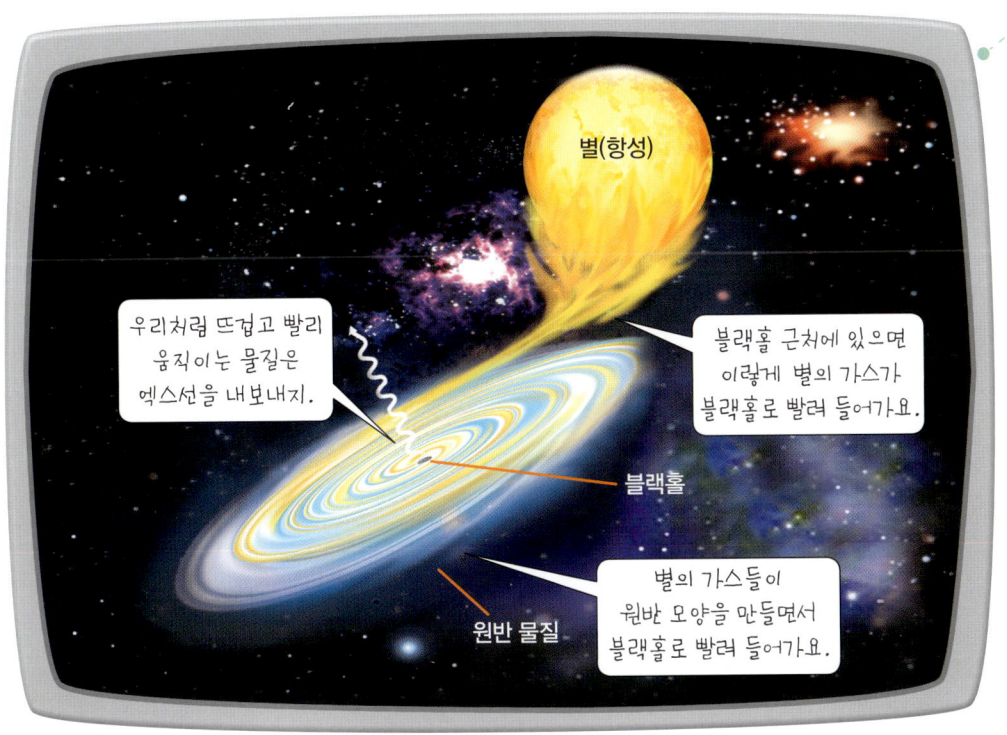

우주 기네스 기록을 소개합니다

매년 발행되는 기네스북에는 각 분야의 진기한 세계 기록이 담겨 있어요. 그렇다면 우주에서 현재까지 관측된 것 중에서 진기한 최고 기록으로는 어떤 것이 있을까요?

먼저 우주에서 가장 차가운 것은 무엇일까요? 바로 지구에서 5000광년 떨어져 있는 '부메랑성운'이랍니다. 이 성운의 온도는 영하 272.15℃예요. 차가운 것으로 유명한 우주 배경 복사(영하 270.43℃로 동일)보다 더 차가워요.

우주에서 가장 차가운 것으로 알려진 '부메랑성운'

반대로 우주에서 가장 뜨거운 행성은 무엇일까요? 지구에서 256광년 떨어져 있는 'HD 149026b'랍니다. 이 행성은 표면 온도가 무려 2040℃까지 올라간다고 해요. 이는 태양계에서 가장 뜨거운 행성인 금성의 표면 온도(460℃)보다 4배 이상 높아요.

사실 행성보다 별의 표면이 더 뜨거워요. 우주에서 가장 뜨거운 별은 우리 은하의 이웃인 소마젤란은하에 있는 'AB 7'이란 별이랍니다. 표면 온도가 무려 12만℃를 넘어

우주에서 가장 뜨거운 행성으로 알려진 'HD 149026b'

요. 태양의 표면 온도(5800℃)보다 20배 이상 높은 셈이에요.

또 지금까지 알려진 가장 큰 별은 어떤 별일까요? 거성이나 초거성보다 더 큰 극거성 종류에 속하는 별 중 하나인 '백조자리 NML'이에요. 태양 지름의 약 1650배에 이를 정도로 크답니다.

그렇다면 가장 무거운 별은 무엇일까요? 대마젤란은하에 있는 타란툴라성운 내에 자리한 'R136a1'이란 별이랍니다. 이 별의 현재 질량은 태양 질량의 265배라고 해요.

한편, 우주에서 가장 늙은 별은 어떤 별일까요? 현재 우주의 나이는 138억 살로 알려져 있는데, 이만큼 늙은 별이 있답니다. 지구에서 7500광년 떨어져 있는 'HE 1523-0901'이라는 적색 거성이 그 주인공이에요. 이 별의 나이는 132억 살이라고 해요. 우주가 태어난 지 6억 년 만에 탄생한 '파파 할아버지 별'이랍니다.

지구처럼 생명체가 살 수 있는 외계 행성은 없을까요?

여러 생명체가 살고 있는 지구를 보면 알 수 있듯이, 생명체가 살기 위해서 꼭 필요한 요소 중 하나는 액체 상태의 물이에요. 물은 지구 표면의 70%를 덮고 있으며, 생물체의 성분 중 50% 이상을 차지하지요. 행성에 물이 액체 상태로 존재하려면 대기가 적당히 있고 표면 온도가 0~100℃ 사이여야 해요.

따라서 뜨겁게 타고 있는 태양과 같은 별로부터 적절히 떨어진 곳에 행성이 있어야 물이 존재할 거예요. 이런 곳을 '생명체 거주가능 영역'이라고 불러요. 물이 있는 곳이어야 생명체가 살 수 있으니까요. 마치 사막의 오아시스 같은 곳이라고 할 수 있지요.

태양계에서는 태양으로부터 1억 4000만~2억 9000만 킬로미터 사이가 생명체 거주가능 영역이에요. 이곳은 금성 바로 다음에서 화성 바로 직전까지의 영역이지요. 오직 지구만이 이 영역에 위치한 행성이랍니다. 현재까지 금성이나 화성에는 액체 상태의 물이 발견되지 않고 있어요.

과학자들은 태양계 밖에서도 지구처럼 생명체 거주가능 영역에 있는 외계 행성을 찾으려고 노력하고 있어요.

지금까지 알려진 바로는 지구에서 620광년 떨어져 있는 '케플러-22'라는 별 주변을 돌고 있는 행성 '케플러-22b'가 별 주변의 생명체 거주가능 영역에서 발견된 행성 중 하나랍니다.

이 행성의 크기는 지구의 2.4배이고 온도는 -10℃ 정도로 예상된다고 해요. 하지만 아직까지 물이 존재하는지, 지구처럼 딱딱한 암석으로 된 행성인지는 밝혀지지 않았어요.

앞으로 지구를 닮은 외계 행성이 발견될 날도 머지않은 것 같아요.

지구에서 620광년 떨어져 있는 별 '케플러-22'를 돌고 있는 행성, '케플러-22b'

우주 상식

외계인을 어떻게 찾아요?

SF 영화를 보면 지능을 가진 외계인이 등장해요. 우주에는 수천억 개 이상의 별이 존재하니까, 어딘가에 외계인이 존재할 수도 있겠지요?

전파를 이용해 외계 생명체를 찾는 아이디어는 1959년 8월에 영국의 과학저널 〈네이처〉에 처음으로 공개됐어요. 그 뒤 1960년 4월에 미국의 프랭크 드레이크 박사가 이를 실행에 옮기는 '오즈마 프로젝트'를 처음 시작했답니다. 우주에서 오는 외계인의 신호를 포착하기 위해 미국 웨스트버지니아 주 그린뱅크 근처에 지름 25미터의 전파 망원경을 설치한 것이지요. 이것이 바로 외계 지적 생명체 탐사(Search for Extra Terrestial Intelligence), 즉 세티(SETI) 계획의 첫발이었어요.

외계 신호를 포착하기 위한 오즈마 프로젝트에 사용된 전파 망원경

UFO는 외계인의 비행 물체가 아니라고요?

UFO(유에프오)는 '미확인 비행 물체(Unidentified Flying Object)'라는 뜻의 영문 머리글자를 딴 말이에요. 전문가의 눈이나 전파 탐지 등으로 정체를 확인할 수 없는 비행 물체라는 뜻이지요. 일부 사람들이 믿고 있듯이 외계인이 탄 비행 물체라는 뜻은 아니에요.

그렇다면 UFO의 정체는 무엇일까요? 영국 국방부에서 4년간 조사한 끝에 기밀로 분류했다가 2006년 5월에 공개한 보고서에 따르면, UFO가 외계인과 관련됐을 가능성은 낮다는 결론을 내렸다고 해요. UFO로 관측된 현상이 자연적인 힘이 아닌 다른 형태의 조종을 받는다고 볼 증거가 없으며, 충돌 위험을 일으킬 만큼 단단한 물체가 있다는 증거도 없다는 것이 그 이유였어요.

'전하'는 물체가 띠고 있는 정전기의 양이에요.

미확인 공중 현상 중 일부는 유성(별똥별)이나 대기 현상에 따른 것인데, 보고서에서는 대부분의 현상이 대기층에서 일어나는 물리적, 전자기적 현상이라고 설명했지요. 특히 날씨가 바뀌거나 대기 중의 전하가 변하면 UFO처럼 보이는 현상이 발생한다고 해요. 이런 현상은 드물기 때문에 많은 사람들에게 독특하게 보인다는 것이지요. 이 외에 다른 물체를 UFO로 착각한 경우도 있다고 해요.

여러 물체를 UFO로 착각하는 경우

영화 속 우주 묘사, 옥에 티를 찾아라

우주를 배경으로 하는 영화들은 방 안에 앉아 있는 여러분을 우주로 데려가지요. 상상력도 길러 주고요. 하지만 그런 영화들 중에는 우주에 관한 잘못된 지식을 알려 주는 것들도 있으니 조심해야 해요. 요즘에는 우주 영화를 만들 때 우주 과학자들의 도움을 많이 받기 때문에 실수가 좀 덜하지만, 그래도 여전히 반복되는 실수가 많답니다. 대표적인 것들을 한번 모아 볼게요.

우주선이 날아갈 때는 소리가 안 나요

우주 영화의 영원한 고전인 〈스타워즈〉를 비롯해서 많은 영화에서 우주선이 날아갈 때 "슈우웅!" 하는 소리가 나요. 우주 공간에서 싸움을 하다가 우주선이 폭파될 때도 마찬가지고요. 그런데 이것은 잘못된 장면이에요. 우주 공간에는 공기가 없어서 소리를 들을 수 없거든요. 소리는 공기가 있어야 전달되니까요.

우주선의 방향을 바꾸려면 연료를 분사해야 해요

작은 우주선들이 서로 싸우는 장면에서 우주선이 방향을 바꾸기 위해 비행기처럼 한쪽으로 기울이는 것을 가끔 볼 수 있어요. 이것 역시 잘못된 거예요. 비행기가 방향을 바꿀 때는 날개 위아래에 작용하는 공기의 압력을 이용해야 해요. 그런데 우주 공간에는 공기가 없으니까 우주선을 기울여도 아무 소용이 없지요. 우주선이 방향을 바꾸려면, 가고자 하는 방향의 반대 방향으로 연료를 분사해야 해요.

다른 행성에 있는 사람과는 끊기지 않고 대화하기 힘들어요

영화 속에서는 가끔 지구에 있는 사람과 다른 행성에 있는 사람이 통신하는 장면이 나와요. 그런데 이때 대화가 한참 동안 끊기지 않고 자연스럽게 이어진다면 그것도 잘못된 거예요.

예를 들어 화성과 지구 사이의 거리는 빛의 속도로 4분이나 가야 하는 먼 거리예요. 그러니까 지구에서 이야기한 것이 화성까지 전달되려면 4분이 걸린다는 말이지요. 화성에 있는 사람의 대답이 지구까지 전달되는 시간까지 생각하면, 한 사람이 말한 후에 대답을 듣기까지는 무려 8분이라는 긴 시간이 걸릴 수밖에 없어요. 화성보다 더 먼 행성에 있는 사람과 교신하려면, 더 오래 기다려야 대답을 들을 수 있고요.

박승철

이 책의 1장 별자리 이야기에 실린 별자리 사진은 모두 한평생 별을 사랑하며 모든 열정을 바친 박승철 씨가 찍은 것입니다. 박승철 씨는 1964년 경상남도 창녕에서 태어나 한국아마추어천문학회 창립위원, 서울천문동호회 회장, 우리나라 최초 천문월간지 〈하늘〉 편집장으로 일하며 천문 대중화에 힘썼습니다. 국립 소백산천문대에 근무하며 헤일-밥 혜성, 달, 별자리 등 많은 천체 사진을 기록으로 남겼고, 〈과학동아〉 등에서 천문 기사 필자로도 활동했습니다.
2000년 겨울, 불의의 교통사고로 하늘의 별이 되었습니다.

사진 출처

국립중앙박물관, 굿이미지, 대전시민천문대, 박승철, 소백산천문대, 연합뉴스, 유로크레온, 중미산천문대, dreamstime, NASA(Jimmy Westlake, NASA/GSFC & Michigan Tech. U., PD NASA, SOLAR-B, Sunspots, NASA/SDO/AIA, NASA/GSFC/Arizona State University, NASA/GSFC/Arizona State Univ./Lunar Reconnaissance Orbiter, NASA/Johns Hopkins University Applied Physics Laboratory/Carnegie Institution of Washington, NASA/JPL-Caltech/GSFC/Univ. of Arizona, NASA/JPL/Cornell University/Maas Digital, NASA/JPL-Caltech/Cornell University, NASA, ESA, and Amy Simon (Goddard Space Flight Center) et al., NASA Planetary Photojournal, NASA/JPL/STScI, NASA/JPL, The Galileo Project, NASA, Steve Garber, NASA History Web Curator, NASA/Ames/JPL-Caltech, stephen J. Edberg), shutterstock, The National Radio Astronomy Observatory, Wikimedia commons(Giovanni Dall'Orto, Jbarta, Yebes, PD-NASA, Manoj.dayyala, Luc Viatour, JPL/NASA, NASA/JPL-Caltech/Arizona State University,NASA/JPL/MSSS, NASA/JPL-Caltech/MSSS and PSI, NASA/JPL/Space Science Institute, ESO, E. Kolmhofer, H. Raab; Johannes-Kepler-Observatory, Linz, Austria (http://www.sternwarte.at), Andrew Butko, Concierge.2C, Laika ac from USA, NASA/Bill Ingalls, NASA, Aldrin_Apollo_11_original.jpg: NASA, Steve Ling from San Francisco, USA, Mj-bird, Nevit Dilmen), Wikipedia(Pospel A. T. Wynne/JPL, SiOwl, Ruffnax(Crew of STS-125), NASA/JPL-Caltech, Lexicon)

- 이 책에 실린 사진은 저작권자의 허락을 받아 게재한 것입니다.
- 저작권자를 찾지 못해 게재 허락을 받지 못한 일부 사진은 저작권자가 확인되는 대로 게재 허락을 받고 통상 기준에 따라 사용료를 지불하겠습니다.

| 찾아보기 |

HD 149026b · 167
UFO(미확인 비행 물체) · 170

ㄱ

가니메데 · 119
가모프 이론 · 160
가을의 대사각형 · 47
갈레 · 107
개기 월식 · 79
개기 일식 · 79
거문고자리 · 38
겉보기 등급 · 80
게자리 · 67
겜마 · 33
겨울의 대삼각형 · 59
겨울의 대육각형 · 59
고래자리 · 55
공전 · 72
공전 주기 · 124
광학 망원경 · 89
굴절 망원경 · 91
궁수자리 · 44
그믐달 · 77
금성 · 110
길잡이 별(길잡이 별자리) · 25
까마귀자리 · 31

ㄴ

나로호 · 136
남두육성 · 44
남쪽물고기자리 · 52
내행성 · 101

ㄷ

다비흐(견우성) · 51
달 · 104
달의 고지 · 105
달의 바다 · 105
달의 크레이터 · 105
데네볼라 · 28
데네브 · 36
데이모스 · 113
독수리자리 · 37
돌고래자리 · 45
땅꾼자리(뱀주인자리) · 40

ㄹ

라이카 · 128
레굴루스 · 28
르베리에 · 107
리겔 · 60

ㅁ

마젤란 · 74
마차부자리 · 64
매리너리스 협곡 · 113
머리털자리 · 32
명왕성 · 108
목동자리 · 26
목성 · 118
목성형 행성 · 101
물고기자리 · 54
물병자리 · 50

ㅂ

바다뱀자리 · 29
반사 망원경 · 91
방패자리 · 41
백색 왜성 · 162
백조자리 · 36
뱀자리 · 41
베가 · 38
베텔게우스 · 60
변광성 · 22
별자리 · 14
보름달 · 77
보스토크 1호 · 135
보이저 1호 · 143
봄의 대곡선 · 25
봄의 대삼각형 · 25
부메랑성운 · 166
북극성 · 17, 20
북두칠성 · 19
북쪽왕관자리 · 33
블랙홀 · 164
빅뱅 · 160

ㅅ

사자자리 · 28
사진 관측 · 93
삼각형자리 · 56
상현달 · 77
생명체 거주가능 영역 · 168
성운 · 162
세페우스자리(케페우스자리) · 22
소행성 · 126
소행성대 · 126
수성 · 110
스푸트니크 1호 · 134
스피릿 · 116
스피처 우주 망원경 · 89
스피카 · 27
시리우스 · 61
쌀알 무늬 · 102
쌍둥이자리 · 63
쌍성(짝별) · 164

ㅇ

아르크투루스 · 26
아리스토텔레스 · 72
아틀란티스 호 · 149
아폴로 11호 · 140
아폴로 계획 · 140
안드로메다자리 · 53
안시 관측 · 93
안타레스 · 43
알데바란 · 65
알타이르 · 37
애덤스 · 107
양자리 · 56
엑스선 망원경 · 89
여름의 대삼각형 · 35
염소자리 · 51
오리온대성운 · 163
오리온자리 · 60
오즈마 프로젝트 · 169
오퍼튜니티 · 116
온실 효과 · 111
왜소행성 · 109
외뿔소자리 · 66
외행성 · 101
용자리 · 23
우리 은하 · 159
우주 탐사선 · 143
우주 비행사 · 152

우주 왕복선 · 148
우주 정거장 · 150
우주 공간 · 132
운석 · 85
월식 · 78
웜홀 · 164
위성 · 104
유로파 · 119
유성(별똥별) · 82
유성우 · 84
육분의자리 · 30
은하 · 158
은하군 · 159
은하단 · 158
이오 · 119
인공위성 · 146
일식 · 78

ㅈ
자전 · 72
작은개자리 · 62
작은곰자리 · 20
작은사자자리 · 28
적색 거성 · 162
전갈자리 · 43
전파 망원경 · 89
절대 등급 · 80
정지 위성 · 146
조랑말자리 · 49
지구형 행성 · 101
지동설 · 72

ㅊ
채층 · 102

처녀자리 · 27
천구 · 69
천동설 · 72
천상열차분야지도 · 14
천왕성 · 122
천칭자리 · 42
초승달 · 77

ㅋ
카스토르 · 63
카시니 간극 · 119
카시오페이아자리 · 21
카이퍼 벨트 · 99
카펠라 · 64
칼리스토 · 119
컵자리 · 31
코로나 · 102
코페르니쿠스 · 73
큐리오시티 · 117
큰개자리 · 61
큰곰자리 · 18

ㅌ
타이탄 · 120
태양 · 102
태양계 · 98
토성 · 120
투반 · 23
트리톤 · 123
티코 브라헤 · 32

ㅍ
파섹 · 80
페가수스자리 · 48

페르세우스자리 · 57
포말하우트 · 52
포보스 · 113
폴룩스 · 63
프로키온 · 62
프톨레마이오스 · 14
플레어 · 102
플레이아데스성단 · 65
플루토이드 · 109

ㅎ
하현달 · 77
항성 · 99
해왕성 · 122
핼리 혜성 · 129
행성 · 99
허블 우주 망원경 · 89
허셜 · 107
헤르쿨레스자리 · 39
헤벨리우스 · 30
헤일 밥 혜성 · 129
혜성 · 129
홍염 · 102
화성 · 112
화성 탐사 로봇 · 116, 117
화성의 극관 · 115
화이트홀 · 164
황소자리 · 65
흑점 · 102